JN084778

近年の自然災害と
学校防災

― 持続可能な社会をつくる防災・減災,復興教育 ―

兵庫教育大学連合大学院・防災教育研究プロジェクトチーム 著

協同出版

はじめに

　元号は平成から令和に変わったが，自然災害は変わらず多発している。教育行政，教育現場においても様々な対応が余儀なくされ，大川小学校最高裁判決では，学校及び設置者に課せられた学校安全・危機管理の重さが明確になった。教職員の安全確保義務は学校管理下における日常の事件，事故・災害時に一層強く求められつつある。このような状況の中，令和2年には，さらに新型コロナウイルス感染症が学校教育に大きな影響を与えた。

　振り返れば，2011年4月より新学習指導要領が小学校から全面実施される直前の3月11日に東日本大震災が発生し，被災地だけでなく，東日本の多数の学校が喫緊の対応に追われた。学校再開のめども立たず，統廃合に追い込まれた学校もあった。今回の新学習指導要領も2020年4月から全面実施される直前に，新型コロナウイルス感染症が学校や子供たちに与えた影響は大きい。学習指導要領の改訂ごとに「生きる力」が強調されている。教育関係者にとって，先行き不透明どころか想定外の対応を迫られる時代に生き抜く子供たちに必要な資質・能力を身に付けるための教育の再構築の必要性が痛感される。

　本研究プロジェクトとしても，年々，新たな自然災害への対応が求められる中，学校安全・危機管理の視点からも新型コロナウイルス感染症の対策についても無視することはできない。防災・減災，復興教育への取組は，激動の著しい時代にたくましく生きる次世代の人材育成の教育の在り方を探る手掛かりになると考える。

　本書では，近年の学校を取り巻く状況を踏まえ，新学習指導要領にも示されたこれからの学校教育に求められる観点や実践の方法を探る。さらにSDGsが国際的にも注目される今日，関連した動向を踏まえながら，学校防災の新たな取組について考察したい。

令和3年1月　研究プロジェクトを代表して

滋賀大学大学院教育学研究科　藤岡達也

近年の自然災害と学校防災（Ⅱ）
―持続可能な社会をつくる防災・減災，復興教育―

$\boxed{\text{目 次}}$

第1章

防災・減災，復興教育の新たな観点

1 新型コロナウイルス感染症対策を含めた新たな学校防災の展開
—「生きる力」をはぐくむ学校安全・学校危機管理の再構築—

藤岡　達也

（1）新型コロナウイルス感染症が教育界に与えた影響

　2020（令和2）年に新型コロナウイルス感染症が学校教育に与えた影響の大きさは述べるまでもない。まず，2020年2月27日（木），第15回新型コロナウイルス感染症対策本部において，安倍晋三首相（当時）が突然，全国全ての小学校，中学校，高等学校，特別支援学校について，3月2日（月）から春休みまで臨時休業を行うよう要請したため，年度末の教育現場は大混乱に陥った。さらに，4月に入っても通常の新学期とはほど遠い状況に追い込まれ，その後も，教育活動の制限や授業時間確保など，様々な対応が学校，教職員に求められた。現在においても，明確な展望が見えないまま，これまでとは異なった授業形態による展開等が余儀なくされている。

　振り返れば，2011年4月より新学習指導要領が小学校から全面実施される直前の3月11日に東日本大震災が発生し，被災地だけでなく，東日本の多数の学校が喫緊の対応に追われた。中には学校再開のめども立たず，統廃合に追い込まれた学校もあった。児童生徒等の甚大な犠牲者数が示す東日本大震災の悲劇は述べる言葉もないが，今回の新学習指導要領も2020年4月に小学校から全面実施された。しかし，直前の新型コロナウイルス感染症が学校や子供たちに与えた影響も上述のように大きい。皮肉なことに，近年の学習指導要領の改訂ごとに繰り返し「生きる力」，つまり「いかに社会が変化しようと，自分で課題を見つけ，自ら学び，自ら考え，主体的に判断し，行動し，よりよく問題を解決する資質や能力など自己教育力，また，自らを律しつつ，他人とともに協調し，他人を思いやる心や感動する心など，豊か

な人間性」が求められている。言い換えれば先行き不透明どころか想定外の対応を迫られる時代に生きて行かなくてはならない子供たちに必要な資質・能力を身に付けるための教育の再構築の必要性である。さらには，GIGAスクールに見られるように今後の学校教育の抜本的な改革が教育行政や学校・教職員に問われているとも考えられる。また，児童生徒に比べ，移動する機会が多い大学生に対しても，各大学が実施したオンライン授業は大学の在り方を根本的に変えるものである。

　このような現状を踏まえ，本研究プロジェクトしても，年々，新たな自然災害への対応が求められる中，学校安全・危機管理の視点からも新型コロナウイルス感染症対策についても無視することができない。自然災害への対応と同様に，変革の著しい時代にたくましく生きる次世代の人材育成の教育の在り方を探る必要がある。

　以上，本稿では，まず，新型コロナウイルス感染症が学校防災に与えた影響を教育行政や教育現場等を取り巻く現状から捉える。次に学校に課せられた学校安全・危機管理を近年の自然災害対応の課題として，大川小学校最高裁判決などから検討し考察する。それらを基に新学習指導要領にも示されたこれからの教育に求められる観点や実践の方法を探る。最後にSDGsが注目される今日，国内外の関連した動向を踏まえながら，学校防災の新たな取組について考察したい。

（2）避難所運営等喫緊時における新型コロナウイルス感染症への対応

1．教育行政を越えた組織対応

　一般に各都道府県の教育行政は文部科学省（以下，文科省と略記）から直接に指示・通知を受け，地域の一般行政と共に対応を検討することは少ない。しかし，新型コロナウイルス感染症については，各地域の教育行政としても，文科省だけでなく，内閣府防災担当など，他の省庁からの情報入手が必要となった。また，各都道府県においても，教育行政は市町村教育委員会以外の部局との情報共有や連携が不可欠となってきており，それらを基に対策の方向性を各地域の学校に示す必要が生じた。

例えば，内閣府の「避難所における新型コロナウイルス感染症への対応について」（令和2年4月1日付け府政防第779号他）に始まり，「避難所における新型コロナウイルス感染症への更なる対応について」（令和2年4月7日付け事務連絡），「災害時の避難所における新型コロナウイルス感染症対策や避難所の確保等に係る地方公共団体の取組状況等について（令和2年5月27日：内閣府）」，「避難所における新型コロナウイルス感染症への対応の参考資料について」（令和2年5月21日付け府政防他）等の通知・連絡等に対して，地域での情報を基にした対応を踏まえることも求められる。また，これらの通知の法的根拠も同時に示されているため，他の関連する法律にも気づく必要がある。一例として，「本件通知は，地方自治法（昭和22年法律第67号）第245条の4第1項の規定に基づく技術的助言である」などの記載である。

　なお，避難所運営に関して，内閣府は「冬期における避難所の新型コロナウイルス感染症等への対応について」（12月17日付）まで，状況の変化，新たな知見や検討に応じて，継続的に通知・事務連絡等を発信し続けており，地域の教育行政の連続的な情報収集は欠かせない。

　各地域での避難所等では，逆に内閣府の通知から具体的に何を準備すべきについて考察することが可能である。「1．災害発生前に，避難所における新型コロナウイルス感染症への対応として実施するマスク，消毒液，段ボールベッド，パーテーション等の物資や資材の備蓄に要する費用については，交付金の活用が可能であること。必要な物資や資材の備蓄が完了していない地方公共団体においては，交付金の活用も検討の上，備蓄を進めること。」（「避難所における新型コロナウイルス感染症への対応に要する経費について」令和2年5月27日付，府政防第942号他）などからも読み取れる。

　学校が避難所になった場合を仮定して，従来の備品・消耗品等以外にも何を備える必要があるかを検討しておくことが求められる。パーテーション等は近年の避難所でも準備されるようになったが，段ボールベッドは，2020年に注目されるようになったとも言え，その生産量も家庭用を含め増加している。さらには，それらを整えるための予算確保である。予算についても，上述の通知で以下のように連絡されている。「災害救助法（昭和22年法律第

118号）が適用される場合においては，同法第4条第1項に規定する救助として実施するホテル・旅館等や民間施設の借上げ，当該施設への輸送等を含む避難所の設置，維持及び管理に要する費用については，同法による国庫負担の対象となること。同法第4条第1項に規定する救助に該当しない避難所における新型コロナウイルス感染症への対応に要する費用については，令和2年4月1日以降に実施される事業であれば，交付金の活用が可能であること」。このように学校が避難所に設定された場合でも，文科省や教育委員会だけでなく，他の部署からも支援があることを理解しておく必要がある。

　従来から日本の避難所は避難者にとって十分に配慮されているとは言えないことも指摘されてきた。近年は，「避難所運営ガイドライン（平成28年4月）」に沿った事前の準備や取組も見られる。学校施設等の避難施設の環境改善も進んでいるが，空調施設，トイレ環境改善等に向けては，災害救助法及び災害救助費等負担金制度についても教育行政や学校管理職は意識しておく必要がある。

２．避難所運営と学校・教職員の役割

　避難所運営に関しては，近年，学校の役割としての捉え方が変わってきている。1995年兵庫県南部地震や2004年中越地震時の地域における学校避難所設置・運営等の混乱，教職員の過重負担の教訓から，災害発生時の原則として，学校は児童生徒の安全確保，児童生徒の安否確認，学校教育活動の早期正常化が大きな役割であり，避難所運営は，市町村防災担当部局が取り組むことになっていた。

　しかし，その後2011年東日本大震災，2016年熊本地震などの経験から，一般行政，防災担当部局のみの避難所運営には限界があり，教職員の避難所設置，運営への協力が不可欠であることが明確になった。それを踏まえ，文科省は「大規模災害時の学校における避難所運営の協力に関する留意事項について」（平成29年1月20日：文科省初等中等教育局）を通知した。ここでは，「学校が避難所になった場合の運営方策」から，「学校の組織体制の整備」，「災害時における教職員の避難所運営への協力業務と教職員の意識の醸成」，「教職員が避難所運営の協力業務に従事した場合の服務上の取扱い」，「防災担当部局等との連携・協力体制の構築」，「地域との連携・協力体制の構築」，「教

育委員会間の連携・協力体制の構築」,「教育活動の再開」までの,8項目が示されている。さらに,それぞれの項目についても,例えば,上述の最初に記した「学校が避難所になった場合の運営方策」では,「教職員の具体的な参集・配備の在り方や役割分担」から「地域の自治組織やボランティア等との連絡・調整及びPTAや避難者等との情報共有の在り方」まで様々な項目について具体的に示されている。

　加えて文科省は近年の台風接近時には,各都道府県教育委員会災害情報担当部署に対して,様々な依頼,通知,連絡を送付している。例えば「令和元年台風第19号に関する防災体制の強化について（依頼）」（10月9日）「別添1「気象災害への対応」（『学校の危機管理マニュアル作成の手引』より一部抜粋）などを参考に,今後,地元の気象台が発表する警報や注意報,気象情報に留意しつつ,防災体制の強化を図るとともに,児童生徒等の安全確保等に万全を期すよう…」などである。

　しかし,文科省の通知などへの,教育委員会を経た学校の対応まで現実的な状況を考えた場合には課題も多い。確かに,各学校も日常から対応すべき事項を掌握することができ,喫緊時の情報源としてのメリットもある。しかし,逆にこれらの情報は文科省Webページ等でも明確に示されることによって,保護者,地域住民も知ることが可能となる。そのため,学校側は「知らなかった」,「対応ができていなかった」では,発災時に非難に曝される懸念が生じる。

（3）発災時の新たな課題への対応

　内閣府等政府機関としても各地域に対してコロナ対応への情報を発信するが,逆に各地から情報を収集する必要があり,それを整理して,発信することもある。これによって各地がどのような対応を行っているのか知ることができ,それを各地域が共有することが可能となる。それらのデータから先の準備物以外にも興味深い二つのことが明らかになった。

　まず,各自治体の中でも近年大規模な災害に遭遇している地域では,明確な対応が見られる。例えば,表1は内閣府（令和2年5月27日）に基づいた各地域の取組例と,その地域が近年大きな被害を受けた災害名である。こ

表1　災害時の避難所における新型コロナウイルス感染症対策や避難所の確保等に係る地方公共団体の取組状況等について

事例	都道府県・市町村	近年の自然災害（気象庁命名・特別警報）
新型コロナウイルス感染症対策を踏まえ、避難所運営マニュアル等を作成・改訂	北海道，福井県，岐阜県，愛知県，三重県，徳島県，福岡県　宮城県気仙沼市，千葉県・南房総市，三重県いなべ市，高知市	平成29（2017）年7月九州北部豪雨，平成30（2018）年7月豪雨，令和元（2019）年8月秋雨前線，令和元（2019）年9月房総半島台風，令和元（2019）年10月東日本台風
市町村向けに、避難所担当者を対象とした講習会を開催予定	長崎県	令和元（2019）年7月台風5号
市町村向けに、避難所レイアウト、避難フロー等の例を提示し、避難所の受入れのシミュレーションを行うよう働きかけを実施	茨城県	平成27（2015）年9月関東・東北豪雨
市町村向けに、国からの通知について、看護師経験のある職員が感染予防の視点を取り入れた内容の補足を行い、市町に周知	三重県	平成26（2014）年8月豪雨
新型コロナウイルス感染症を踏まえた避難所開設運営方針をHPで公開	千葉市	令和元（2019）年9月房総半島台風
新型コロナウイルス感染拡大下での災害発生を想定した避難訓練を実施	福島県福島市，熊本県益城町	平成23（2011）年東北地方太平洋沖地震等，平成28（2016）年熊本地震
円滑な対応ができるよう避難所ごとに担当部署を決め、あらかじめマスクや消毒液等を各部署に付与	宮城県仙台市	平成23（2011）年東北地方太平洋沖地震，平成27（2015）年9月関東・東北豪雨
避難所で使用する体温計、テント等を手配	岩手県陸前高田市，福島県朝倉市	平成23（2011）年東北地方太平洋沖地震，平成29（2017）年7月九州北部豪雨
近距離避難による避難者同士について、病気の方用、健康な方用と棲み分けを検討	福島県郡山市	平成23（2011）年東北地方太平洋沖地震，令和元（2019）年10月東日本台風
指定避難所において避難者同士の適正なスペースを確保できるようテーマを引く措置を行った	神奈川県箱根町	令和元（2019）年10月東日本台風
住民に対し、自主防災組織・自治会等を通じて新型コロナウイルス感染症拡大防止の対応下における発災時の避難について周知を行うことを検討	神奈川県箱根町，鳥取県鳥取市	令和元（2019）年10月東日本台風，平成28（2016）年鳥取県中部地震

内閣府（令和2年5月27日）等を基に作成

の表から，災害に対する避難所を設置するなど，対応に追われた地域は，教訓が生きていると言える。

　次に，新型コロナウイルス感染症下での避難所の運営は，従来と異なった対策というより，これまでの自然災害発生時のマニュアルに応じた避難所の状況に，密になる状態を避ける，マスク着用，消毒液の設置など，コロナ禍での対応が加わったと言えることである。入所前の検温が求められているところもあるが，行政対応者，避難者がそれぞれ，感染しているとの前提で対応を進める必要もある。

　児童生徒，さらには教職員にとっても，多くの時間を過ごすのは学校でなく，自宅である。教職員も地域の一員として，自分や家族を守るためにどのような避難行動が必要であるかを，学校だけでなく家庭や地域でも想定しておくことが求められる。つまり学校で実施されている防災教育や防災訓練も，学校を離れた家庭や地域でも児童生徒自身が危険予測，適切な行動を取ることができるように意図することが望まれる。

　確かに近年の自然災害発生時の学校対応を見ても教職員が主体となった防災管理はそれなりの成果が期待できるが，児童生徒自身の判断による行動を育成する防災教育については疑問が生じる。

　さらには，学校等での情報収集の必要性であるが，教育委員会からの指示・伝達を待つだけでなく，直接，地域の一般行政の連絡を入手することが求められる。これは，後述の原子力発電所事故による災害時の情報収集とも類似したところがある。

　東日本大震災発生時には，特に行政の初動対応の難しさについて，岩手県を例にした報告がある（小野寺・名越，2014）。平常時での行政組織が，緊急時においては，十分な機能が果たせなかったことが推測できる。情報収集の在り方，いわゆる縦割り組織における災害発生時の責任部署の不明確さ，必然的に生じる対応の遅さ，これらを教訓として，喫緊時に備えた行政の組織改革も進みつつある。また，一般市民としても，行政への過度の期待，自然災害及び防災・減災に関する知識・情報の不足なども推測できる。一方，学校管理下においては，それなりの成果も報告されている。

　災害時だけでなく，一般行政と教育行政との連携は日常から人事的にも検

討がされつつある。具体的には，これまで，学校現場から都道府県・市町に
異動する場合は，指導主事などの教育行政に限られていた。しかし，近年で
は静岡県のように教育現場から一般行政に出向することも見られる。

　新型コロナウイルス感染症への対応を意図した教育行政と一般行政との連
動が求められるのは，大規模な自然災害が発生した時だけではない。原子力
発電所事故が発生した時も同様である。原子力発電所が設置される市町では，
オフサイトセンターが立地する。オフサイトセンターとは，原子力関連施設
で事故が発生した際に利用される活動拠点のことをいう。関連施設の近辺に
設置され，国・地方自治体・事業者の関係者が集まり，情報収集や避難指示
などの対策を行う。原子力災害対策特別措置法に基づき，緊急事態応急対策
拠点施設となっている。喫緊での情報は，オフサイトセンターから一般行政
である知事部局，そして教育行政へ，と連絡されることが普通であり，直接，
教育現場に情報が届くことは少ない。

（4）学校における安全・危機管理の再構築

1．学校保健安全法の再確認

　学校管理下においては，子供の安全を守ることが学校・教員の役目である。
石巻市立大川小学校の事例では，「安全確保義務」の重要性が明確となった。
高裁は，学校保健安全法第26条に則り，「市教委は，大川小の児童の安全の
確保を図るため，大川小において，災害により児童に生ずる危険を防止し，
及び災害により児童に危険又は危害が現に生じた場合において適切に対処す
ることができるよう，大川小の施設及び設備並びに管理運営体制の整備充実
その他の必要な措置を講ずるよう努めるべき義務があったと認められる。」
とした。その結果，安全確保義務の履行を故意又は過失によって懈怠したと
きは，国賠法1条1項にいう違法という評価を免れないと解するのが相当で
あると判断された。理由として，「市教委は，学校保健安全法29条1項に基
づき，大川小に対し，在籍児童の安全の確保を図るため，大川小の実情に応
じて，危険等発生時において大川小の教職員がとるべき措置の具体的内容及
び手順を定めた危機管理マニュアルを作成すべきことを指導し，作成された
危機管理マニュアルが大川小の立地する地域の実情や在籍児童の実態を踏ま

えた内容となっているかを確認し，内容に不備があるときにはその是正を指示・指導すべき義務があったと認めるのが相当である。」としている。さらにこの判決では教職員の異動数が多く，勤務する教職員にとって地域の情報が不十分であることも踏まえ，設置者の教育委員会の役割・責任が強調された。

　同時に，教育行政だけでなく，地域の多くの情報を入手することができる校長の姿勢・態度にも言及された。つまり，住民よりもはるかに高いレベルで地域の危険性に関する情報を持ち，それに基づいた対応がなされる必要である。

　以上のように，大川小学校の判決では，学校保健安全法第3章「学校安全」がこの津波被害においては，学校，教育委員会側に厳しく解釈されたと言える。大川小学校校長，教頭，教務主任は想定された地震により発生する津波の危険から，大川小学校の児童の生命・身体の安全を確保する義務を負っていたが，過失によって懈怠したものであるとされたことは，今後の学校防災にも大きな影響が考えられる。

　高裁の判決について，責任を問われた教育関係機関は当時の学校の限界もあったと考えた。そのため，石巻市・宮城県は「津波の予見可能性について，発災前の学校現場に対し余りにも過大な義務を課しており，学校保健安全法が求める義務を大きく超えているとともに，過去の裁判例の判断基準からしても，予見可能性の範囲を逸脱していること。安全確保義務についても，学校から遠く離れた場所を第三次避難場所と定めることは困難であったと考えられること。」などを主な理由として，上告した。しかし，最高裁は，上告審として受理しない旨を決定し，ここで判決は確定した。

　現実的には，大川小学校に限らず，学校が立地する条件は，河川沿いなど，配慮しなければならない場所も多々存在する。津波だけでなく，集中豪雨などでの備えも不可欠である。大川小学校はじめ学校は地域において避難所として指定されているところも少なくはない。学校だけでなく，地域の住民も避難し被害を受ける可能性もある。実際，東松島市野蒜小学校では，避難所に指定されている学校へ住民が避難し，津波の犠牲となった。学校の責任有無について，最高裁まで争われたが，これは，津波が想定外であったとして，

その責任は問われなかった。このことから，「災害の想定」についても学校管理下における児童生徒への安全確保義務の厳しさがうかがえる。

　今後，学校や教員の安全確保義務の対象となるのは，自然環境だけではない。UPZ 圏内（原子力発電所からおおむね半径 30km を目安として，地方公共団体が地域の状況等を勘案して設定）などに位置し，原子力発電所が周辺に設置されているなど，社会環境も無視することができないようになっている。想定される事故に対しての学校の備えが求められている。そのため，先述のように学校は教育行政だけでなく，一般行政からの情報も必要となり，教育行政は適切な指示が学校に必要となる。

　コロナ禍においては，学校医だけでなく地域の保健所や病院等の連携も不可欠となった。校長の地域と連携した危機管理に関する役割は従来よりも強くなりつつある。

2．学校安全の校務分掌上への位置付け

　様々な事件・事故災害が発生する中，学校安全・危機管理については，これまでのように校長・教頭が中心となって対応することには限界も見られる（当然ながら最終責任は学校長，さらには学校の設置者としての教育委員会が責任を問われるのであるが）。学校によっては，それらに関する具体的な教育活動として，生活指導部や保健部などでの校務分掌の一環として担っているところがあるが，教務部や生活指導部のように独立した分掌組織が設置されているところは全国的に見た場合，多いとは言えない。その中で，東日本大震災発生後，宮城県教育委員会は，東日本大震災での経験と教訓を踏まえ，各校で防災教育を推進するためには，体制整備が必要であると考え，県内の公立学校すべてに防災主任を配置した。今後，防災主任など学校安全の統括を校務分掌等に位置づけた学校運営を検討することも不可欠である。

　先述のように，学校保健安全法が施行された平成 21 年以来，「第 3 章　学校安全」が注目されてきたが，各学校の状況に応じて一層の見直しが求められている。さらに新型コロナウイルス感染症に関しては，改めて「第 2 章　学校保健」（特に第 4 節　感染症の予防）への対応も意識する必要がある。

（5）「生きる力」の育成と新学習指導要領

1．防災教育と関連した新学習指導要領キーワード

　先述のように，コロナ禍の中，令和2年は，小学校から順次，新学習指導要領の全面実施の展開が始まった。今回の学習指導要領では，防災教育と関連して多くの観点からの取組が期待されている。例えば，引き続き「生きる力」の育成のため，カリキュラム・マネジメント，アクティブラーニング（「主体的・対話的で深い学び」）が期待されている。

　新学習指導要領の特色の一つにはカリキュラム・マネジメントが挙げられ，開かれた教育課程の視点が求められている。「『生きる力』をはぐくむ学校での安全教育」（文科省，2019）の付録に掲載している，防災を含む安全に関する教育（現代的な諸課題に関する教科等横断的な教育内容）については，学習指導要領等から抜粋した内容が，校種別に掲載され，カリキュラム・マネジメントの参考として取扱うことが期待されている。

　ただ，学校安全の一環として示されているため，保健・体育が中心となっており，該当する総則については，必ずしも自然環境の理解や自然災害発生のメカニズムなどが重視されているとは言えない。学校保健，学校給食と共に構成される学校健康教育の一つの領域としての安全教育であり，安全教育は，生活安全，交通安全，そして災害安全（防災と同義）として位置づけられている（文科省，2019）。かつてのスポーツ青少年局に属していた学校安全の部門の名残は，未だに理科などの自然科学と十分連携されていないという課題が存在する。

　カリキュラム・マネジメントには，PDCAサイクルの取組が重要であることを文科省は指摘している。これはそれなりの意味がある。しかし，「生きる力」をはぐくむ防災教育の展開では，それだけが十分な方法と言えるのか，疑問は残る。つまり，自然災害等の発生は，想定外の状況が多く，そこからの復旧・復興を意図した思考力・判断力を培うには，別の取組方法も検討する必要がある。

2．科学技術と社会の相互関連教育の再考

　一方，防災教育や環境教育については，科学，技術，社会の相互関連の視点から捉えることの意義をこれまでも繰り返して述べてきた（例えば，藤岡，

1998，2016 等）。今後求められるのは，自然の事物・現象を理解する従来の学校で取扱われてきた理科を超え，意思決定までを期待されている科学教育の視点である。新型コロナウイルス感染症対策についても同様であり，この関係を図 1 に示す。

　この図を踏まえて，新型コロナウイルス感染症に関する取扱いも放射線教育や防災教育と類似していることが 2 点について認められる。まず，新型コロナウイルスの特性理解という最新科学による分析，さらには，ワクチン製造などの科学技術による対策が急がれている。同時に，予防には科学技術の取組だけでなく，この過程での社会の対応として国レベルの緊急事態宣言から，個人レベルでの対策までが求められている。新型コロナウイルス拡散を防ぐため，国策としても海外からの入国制限，経済とのバランスから Go to Travel 等の実施，それの廃止，さらには緊急事態宣言などの発令による市民活動の制限など，様々な社会活動が模索され展開される。

　STS 教育に見られるように，これからの時代には，市民一人一人の意思決定や対応が求められる。感染症や医療の専門家の知見もマスコミを通じて明確にされるが，具体的な判断，行動はそれぞれの個人に委ねられる。基本となるのは，科学的リテラシーに基づく対応と言えるが，うがい，手洗い，マスク着用から，外出，飲食まで個人の判断となる。これは，災害発生時の

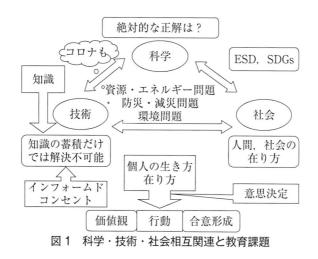

図 1　科学・技術・社会相互関連と教育課題

避難行動と類似の側面もある。例えば，特別警報が発表され，避難勧告・避難指示が発令されていた場合の個人の行動と同様である。心理的なバイアスがかかり，避難対応が遅れることも少なくない。科学技術が発達し，社会体制が発展しても，最終的には各個人の判断，行動を促す教育・啓発が一層重視される。

　先ほど「生きる力」の育成には，PDCA サイクルを伴うカリキュラム・マネジメントだけで十分であるのかの疑問を記した。STS 教育を含めこれからの教育活動には，むしろ OODA の視点も不可欠である。OODA ループは，観察・状況把握（Observe）―情勢への適応・行動の方向づけ（Orient）―意思決定（Decide）―行動（Act）によって，適切な意思決定を実現するものであり，理論の名称は，これらの頭文字から命名されている。自然災害に対する防災・減災教育，復興教育，さらには放射線教育などにおいて，この視点は，これからの先行き不透明な時代に生きていく子供達よりもむしろ，大人に備わっている必要がある。加えて，コロナ禍を過ごす児童生徒にとって大人になってからではなく，子供の時から，この視点も重要であることが指摘できる。

　さらに，科学技術と社会との関係について，社会の中でも大きな割合を占めるのが経済とのバランスである。例えば，原子力発電においても安価な安定した供給のメリットを無視することができない。新型コロナウイルス感染症の個人レベルの対策としても特に長期間にわたる場合，経済活動を考えると，行動の制限にも限界が見られる。これからの時代，一層，科学技術の専門家や政策決定者からも明確な展望が伝わらなかったり，遅れたりすることがある。具体的な対応は個々に求められるが，個人の状況，特に経済的な背景が異なる。そのため，集団としても適切な判断そして行動が不可欠であることは理解できても，様々な合意形成が困難になりがちである。

（6）SDGs（持続な開発目標）とこれからの防災教育

1．SDGs と国際社会の動向

　このような状況の中，SDGs への取組が重視される。SDGs（持続可能な開発目標）とは，2015 年 9 月の国連サミットで採択された「持続可能な開

発のための 2030 アジェンダ」にて記載された 2030 年までに持続可能でより
よい世界を目指す国際目標である。17 のゴール・169 のターゲットから構成
され，地球上の「誰一人取り残さない（leave no one behind）」ことを誓っ
ている。SDGs は発展途上国のみならず，先進国自身が取り組むユニバーサ
ル（普遍的）なものであり，日本としても積極的に取り組んでいる。新型コ
ロナウイルス感染症への対応は日本だけでなく，国際的な課題となっている。
持続可能な社会の構築には日本だけでの取組では限界があるが，どのような
貢献が可能であるか検討する必要がある。

　SDGs では，一部 2020 年までのゴールがあるが，全体的には，2030 年ま
でのゴールが設定されている。2030 年は仙台防災枠組 2015-2030 の到達点
でもある。仙台防災枠組 2015-2030 は第 3 回国連防災世界会議の成果である。

　国連防災世界会議は，1994 年に第 1 回が横浜市，第 2 回が 2005 年に神戸市，
第 3 回が 2015 年に仙台市で開催され，いずれも日本がホスト国となってい
る。SDGs の最終年度の 2030 年に第 4 回の国連防災世界会議の開催は決まっ
ているが，開催国は未定である。なお，2005 年からの 10 年間は，国連持続
可能な開発のための教育の 10 年であり，最終年度には，岡山と名古屋でユ
ネスコ会議が開催された。同時に 2005 年からは兵庫行動枠組（HFA）の 10
年間でもあった。このように国際的な持続可能な開発への取組は国連防災世
界会議の一連の取組とも連動され，日本は常に国連には GDP に比例して，
高い分担金を支出している。世界の平和と安全（安定）を希求する国際社会
に，引き続き日本の役割が期待されている。

2．SDGs と防災教育

　ここで，SDGs と防災に関する内容を少し整理する。SDGs の 17 のゴール
と 169 のターゲットを見ると，気候変動を中心とした自然災害への削減が伺
える。SDGs1.5 に示された「2030 年までに，貧困層や脆弱な状況にある人々
の強靱性（レジリエンス）を構築し，気候変動に関連する極端な気象現象や
その他の経済，社会，環境的ショックや災害に暴露や脆弱性を軽減する」は，
SDGs における自然災害への対応を明確に示すものと言える。

　さらに，SDGs2.4 では，「2030 年までに，生産性を向上させ，生産量を増やし，
生態系を維持し，気候変動や極端な気象現象，干ばつ，洪水及びその他の災

害に対する適応能力を向上させ，漸進的に土地と土壌の質を改善させるような，持続可能な食糧生産システムを確保し，強靭（レジリエント）な農業を実践する。」，SDGs11.5 では，「2030 年までに，貧困層及び脆弱な立場にある人々の保護に焦点をあてながら，水関連災害などの災害による死者や被災者数を大幅に削減し，世界の国内総生産比で直接的経済損失を大幅に減らす」が，SDGs13.1 では，「すべての国々において，気候関連災害や自然災害に対する強靭性（レジリエンス）及び適応の能力を強化する。」が示されている（下線は筆者）。

　SDGs については，経済的な視点から注目されたり，教育の観点からも開発教育や国際理解教育から認識されたりする場合も多い。しかし，自然災害等への防災・減災，復興教育も大きく関連している。新型コロナウイルス感染症，自然災害への防災・減災，復興への取組がなければ，持続可能な社会の構築は望めないと言っても過言ではない。

（7）近年の動向から明確になった今後の課題

　東日本大震災発生以降も毎年自然災害は繰り返し発生しており，学校や教育行政の新たな対応が求められている。石巻市立大川小学校の最高裁判決によって，学校での安全確保義務がより一層重視されるようになった。宮城県に限らず，今後の具体的な防災・減災教育が喫緊の課題である。

　また，避難所運営に関して学校への要望も求められる中，新型コロナウイルス感染症への対応は，大規模な自然災害発生時の対策に新たな観点が加えられたと捉えられる。専門家や政策担当者の間でも見解が分かれることが予想される発災が懸念される中で，教育行政や学校・大学は地域の実情を踏まえ，今後一層，児童生徒・教職員（大学も同様であるが）の学校安全・学校危機管理を推進することが求められる。

　新学習指導要領が 2020 年から全面実施となった現在，これからの「生きる力」を育成するために，防災・減災教育とも関連したどのような教育活動の展開が必要となるのか，グローバルな視点から引き続き検討していきたい。

文献

藤岡達也（1998）：1978年宮城県沖地震及び1995年兵庫県南部地震における地盤
　災害教材化について―環境教育の視点から捉えた都市化地域の自然災害の考
　察―，環境教育，第7巻，第2号，26-37.

藤岡達也（2016）：持続可能な社会と地域防災，学校防災―繰り返される自然災害
　に対する防災教育の現状と展望，第四紀研究，第55巻，第4号，175-183.

小野寺弘幸・名越利幸（2014）：シンポジウム「東日本大震災，いわての検証と教訓」，
　地学教育，第6巻，第2号，43-48.

文部科学省（2019）：学校安全資料「生きる力」をはぐくむ学校での安全教育.
　1-116.

2　避難所における子どもの遊びの開発

阪根　健二

（1）災害時の避難所運営の課題

　災害発生に伴い，緊急に被災害を受け入れる場として，各地に避難所が設置される。これは，災害対策基本法によって設置されるものであるが，平成25年6月に同法を改正し，その役割が強化された。その運営にあたっては，「避難所における良好な生活環境の確保に向けた取組指針」（内閣府平成25年8月）や，「避難所運営ガイドライン」（内閣府平成28年4月），「福祉避難所の確保・運営ガイドライン」（内閣府平成20年6月平成28年4月改訂）など，市町村等の避難所運営に係る方針によって明確化された。

　この中で，避難所における良好な生活環境の確保に向けた取組では，市町村等が講ずべき措置の方向性や被災者用の設備・備品のリスト等は規定されているが，避難所の確保のための具体的な手順，設備・備品の必要数，人材の確保の具体策等が十分とは言い難く，避難所取組指針と福祉避難所ガイドラインの関係も不明確であるという指摘がなされている。

　このようなことから，避難所の設置と機能整備，避難所リスト及び避難者名簿の作成，運営責任者の配置等，食物アレルギーの防止等の食料や食事に関する配慮，衛生・巡回診療・保健体制，被災者への情報提供や相談窓口の設置などが多岐にわたって検討されてきた。また，在宅避難への対応という新たな視点も検討材料となった。

（2）長期化する避難所生活

　東日本大震災において，学校が避難所となった事例が多く，かつ広範囲に及んでいた。また，使用された期間が極めて長かったことで，様々な問題が

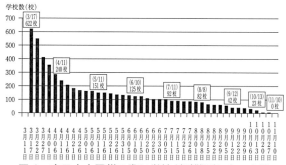

図1　東日本大震災の際に学校が避難所になった数

出典：地域の避難所となる学校施設の在り方について文部科学省　平成25年

発生した。学校が使用された理由は，被害がかつてなく大きかったことに加え，用地取得難のため仮設住宅の建設に時間を要したことが要因だと考えられるが，発災してから半年が経過した時点でも40校以上が避難所として使用されていた。これによって，授業再開後に長期にわたって教育活動と避難生活が共存していたことが報告されている。

　学校という施設は，快適性を望むことが難しく，学校と避難住民の双方に相当の負担が生じていた。

　それ以上に大きな課題があった。それは避難所生活でのストレスである。永幡（2017）は，その要因として，音の問題，プライバシーの確保という点を挙げている。これらは，愁訴（不満）という形に現れるが，新潟県中越地震での調査では，「子どもが騒ぐ・子どもが泣く」という点については，避難所の形態に関わらず，多くの被災者から回答があった。この点に関連して，子どもを持つ母親からは，「小さい子どもがいるため，自分たちが発信源になってしまい，気疲れがあった」という回答もあった。

　一方で，子ども側にもストレスによる問題があり，心のケアは必要な方策であることはいうまでもない。その解消においてはカウンセリングや対話がその中核になると思われるが，スタッフを配置することはなかなか難しく，子どもまでに目を向ける余裕がない状況下である。そうなると，何らかの遊びなどで発散させることが有効な手段となるが，前述のような音の問題などが発生するだけでなく，場の確保も困難となる。また，安全への配慮も欠かせない。そこで，

子どもたちの遊び場や遊び道具を，避難所運営に支障がない範囲で，管理者と調整のうえ，どのように提供するかを検討すべき段階となったのではないか。

（３）避難所における子どもの遊びとは

　被災地の避難所には，大人だけでなく，子どもたちも避難してくる。また災害時には，学校が休校状態となり，遊び盛りの子どもたちの行き場がなくなる。そのため，ストレスがたまり，心身に変調をきたすこともあるが，コロナ禍の中でも同様の報告が聞かれる。そこで，遊び場の確保が必要だという声が挙がるが，避難所となった学校では，遊び場となるはずだった運動場は，自動車の出入りが激しくなったり，遊具なども事故防止のため使用禁止になったりすることがあり，教室は被災者の生活の場となり，静かにしておかないと迷惑になるため，どうしても保護者が子どもに注意する行為も増えてくるのが実態である。基本的には，避難所は遊び場に適しない場所だとといえよう。

　鳴門教育大学大学院生・学生に，避難所という場を想定して，どんな遊び（玩具）なら可能かという点を聴取した。そこで下記の点が抽出された。

（遊び）
① 安全な遊びである
② 大人の目が届く
③ 停電時でも遊べる
④ 騒音が出ない
⑤ 狭いところでも遊べる
⑥ 長時間遊べる

（玩具や用具）
① 丸みがあったり，軽量であったりして，安心・安全である
② 衛生上問題がない
③ 耐久性があり，備蓄できること
④ 対象年齢が広いこと
⑤ 高価なものでないこと

2017 年聴取（鳴門教育大学　35 名対象）

　鳴門教育大学では，2008年度から株式会社おもちゃ王国（岡山県のテーマパーク運営会社）と“遊びと学び”をテーマにした「産学共同研究」を実施している。これは知育玩具の学校教育等への導入に関する研究であり，特にブロック玩具に視点をおいて研究・開発している。2013年度からは，株式会社ヴィットハート（岡山県の商品企画・開発・輸入代理店）を含めて三者によって共同研究を行うことになったが，輸入業者を加えたため，世界の玩具が手に入ることから，遊びの多様性が視野に入った。

　その中で，台湾の玩具メーカーであるGIGOが開発したレール状のブロック（正式名：ボールトラック）を，日本向けにセット化し，「レールブロック」と命名し，販売までにこぎつけた。（写真1）

写真1　商品化されたレールブロック

　これが，たまたま“避難所”でも対応できる玩具として，一部自治体から問い合わせがあった。この玩具は，レール状のブロックをつなぎあわせてコースを作り，そこにボールを転がすというシンプルなものであるが，狭い場所で複数の子どもたちが長時間遊べるという特徴があり，大きな形状のため誤飲しにくく，大きな音も出ず，幅広い年齢で遊べること，何より収納しやすく，安価である。その上，避難所の廊下の壁を使って遊べることもあって注目を集めた。前述した避難所における遊びの条件に合致したのである。実際，西日本豪雨で被

写真2　商品化されたポリエム

災した岡山県真備町の避難所でも使われたり，徳島県や高知県の自治体にも採用され，新たな避難所対策となった。

　また，ドイツ製のブロック玩具である「PolyM（ポリエム）」も日本向けにセット化し，これも販売に至った。（写真2）

　いずれも幼児向けの玩具であるが，知育玩具として大いに期待できるものだけでなく，被災地での子どもの遊びとして，避難所での活用を模索してきた。避難所運営においては，幼児や児童の居場所を確保してお

くと，管理しやすくなる。ただ，スペースをとらず，簡易な遊びが望ましく，
安全なものが求められれるのである。

1．廊下を活用する遊び（写真 3）

　レールブロックは，レール状のブロック
を自由に接続し，そこにボールを転がして，
ピタゴラスイッチ的な動きを創造するとい
うものであるが，これは壁面を活用するこ
とができるという特徴がある。避難所の廊
下は，物資の置き場程度しか思いつかない。
そうしたスペースを使えるというメリット
は大きい。また，廊下は居住区域から離れ
ているため，子どもも声が出せるし，体も

写真 3　壁を活用できるレールブ
ロック

動かせる。何よりこの玩具は，対象年齢の幅が大きく，複数の子どもたちが
遊べるのである。

2．洗えて音がしないブロック玩具（写真 4）

　PolyM（ポリエム）は，バイエルン州のインゴルシュタットで生まれた知
育玩具である。自動車メーカーであるアウディの部品設計をする技術者が開
発した玩具であり，「ポリ」は材料のポリエチレン，「エム」は開発者の苗字
のメイヤーを表している。

　幼児用のブロック玩具のため，丸みがあり，柔らかい。そのためブロック
同士がぶつかったときに音がしない。また，洗濯ネットに入れて，洗濯機で
そのまま洗える。特に，コロナ禍などの感染症対策では，衛生という観点は

写真 4　丸みがあってやや大きめのブロック玩具（ポリエム）

重要である。そして，一般的なブロック玩具より安価であるため，多量に用意できる。個々の子ども十分行き渡るため，密にならずに遊べるのである。このように多くのメリットを包含している玩具だといえよう。

3．試行した結果

　2018年9月開催の「鳴門市総合防災訓練」及び，2019年9月に香川県高松市で開催された「ファミリー防災フェスティバル」において，この2つの玩具を導入して，避難所での遊び方を公開した。

　いずれの玩具も好評であり，多くの子どもたちが体験した。何より，保護者に好評であったことに意味がある。実際参加した保護者は，仮に被災したとき，子どもへの対応が未知数だという。避難行動や備蓄などには高い意識があるが，子どもへの対応となると返答に窮するのである。ところが，この

写真5上　防災フェスティバル案内
写真5左・下　避難所の仮設テント
　　　　　の遊び場を再現

試行において，長時間遊んでいる子どもの様子が保護者に安堵感を与えていた。狭いテントではあったが，コロナ禍以前であったため，密さえ意識しなければ十分遊べる場を確保できたことが証明された。

　もう一つ，特別支援学校の教員からの感想が印象深かった。これらの玩具は，障がいを抱えた子どもにも対応でき，色や形状から適したものであると指摘された。避難所には様々な子どもたちが集合する。そこで，対象年齢を含め，広く対応できる玩具を求めていたという。その後，その特別支援学校ではこれを購入し，備蓄品にしたと聞く。

（4）避難所における子どもの遊びとは

　伊藤（2015）は，日本におけるストレスフルな状態にある子どもの遊び支援の研究の蓄積が極めて少ないと指摘している。特に，被災害児と遺児に関する遊び支援研究は，設定した検索条件に合致する文献が見出せなかったという。しかし，被災害児支援についてはいくつかの実践報告がある。東日本大震災では，仮設住宅等で生活する子どもの遊び場の確保が課題となったため，NPO法人などが支援を行ったという報告がある。

　日本経済新聞（2016/4/25付）は，熊本県の避難所で，子どもの遊び場をつくる動きが広がっているということを報道している。熊本県内の小中高校や幼稚園などの休校・休園は長引き，避難生活や余震で子どももストレスを抱えていたが，声を出したり体を動かしたりする機会は少ないため，「遊ぶことで子どもらしい生活を少しでも取り戻してほしい」と，避難生活を支援するグループがケアに取り組んだことを紹介している。その一方で，「避難所では子どものためのスペースを確保しにくい。子どもが安全に遊べる場所を提供したい」と話すNGO担当者の声も伝えた。

　このように課題意識は持ちながらも，そこまで手を広げる段階ではないという認識の方が一般的だろう。

（5）遊びの基本から考える

　安心・安全な環境が保障されるためには，大人の心理的な支えが前提にある。「安全基地」として信頼をよせる大人がそばにいることによって，子ど

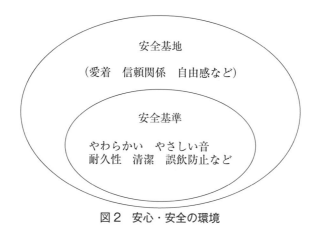

図2　安心・安全の環境

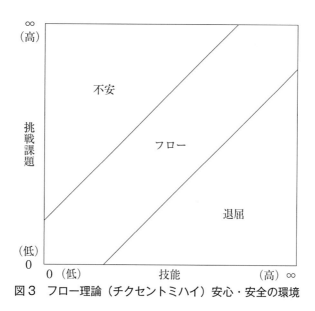

図3　フロー理論（チクセントミハイ）安心・安全の環境

もは安心して遊ぶことができる。

　また遊びにおいては，フロー理論によれば，挑戦レベルと技能レベルがちょうどつり合っているとき，遊びに没頭しているといえる。自分の能力よりも難し過ぎる遊びは途中であきらめてしまい，やさし過ぎる遊びも飽きてしまう。幅広い年齢の子どもの挑戦課題の要求を満たし，長いあいだ遊べる玩具

こそが避難所では適切だといえよう。

　避難所で，幼児や児童の遊び場を提供することは意外に忘れがちである。そこでは，管理しやすく，簡易な遊びが望ましく，幼児・児童が熱中できる遊びを提唱しておきたい。

註：本節では，国立大学法人鳴門教育大学と株式会社ヴィットハート，株式会社おもちゃ王国の三者の産学共同研究（阪根健二・湯地宏樹）から抜粋したものである。

文献

伊藤恵美，―ストレスフルな状態にある子どもの遊び支援研究に関する考察，静岡県立大学短期大学部研究紀要 28-W 号，2015 年

阪根健二・湯地宏樹，ポリエムで遊ぼう，鳴門教育大学産学共同研究報告（啓発冊子），2019 年

チクセントミハイ，M，フロー体験　喜びの現象学（今村浩明訳），思索社，1996 年

内閣府（防災担当），「避難所の確保と質の向上に関する検討会」に係る課題等について，平成 27 年 7 月

永幡幸司，避難生活における音の問題―大規模災害時の避難所と応急仮設住宅の音環境改善に向けて―日本音響学会誌 73 巻 4 号，pp249-256，2017 年

日本経済新聞，避難所に子供の遊び場・支援グループ「ストレス軽減」，2016 年 4 月 25 日付

文部科学省，「大規模災害時の学校における避難所運営の協力に関する留意事項について」（28 文科初第 1353 号），平成 29 年 1 月

文部科学省，「避難所となる学校施設の防災機能強化の推進について」，（元文科施第 177 号），2019 年 8 月

3 中越地震における小学生への中長期にわたる心理的影響

宮下　敏恵

（1）震災における心理的影響

　地震，豪雨，台風など自然災害は心身の健康に甚大な影響を及ぼし，PTSD をはじめとした様々な反応を引き起こす。津波，原子力発電所事故を併発した複合災害となった東日本大震災は発生後 8 年を経過した現在も重篤なメンタルヘルス課題がみられることが指摘されている（大類他，2020）。2004 年（平成 16 年）10 月 23 日 17 時 56 分に発生した中越地震は，最大震度 7（M6.8）を記録している。30 分あまりの間に震度 7，震度 6 強の地震が 3 回連続して起こり，2 時間以内に震度 6 以上が 4 回，震度 5 以上の揺れは 10 回を記録するなど，強い余震が何度も繰り返された（風岡・卜部，

写真 1　新潟県北魚沼郡川口町（現：長岡市川口町）

写真2　中越地震の震源地付近

2006)。さらには地震後2ヶ月の間に有感地震が869回を数える余震の多さ
も特徴としてあげられる（澤田，2009）。新潟県中越地方の8分の1である
10万人が避難し，震源地に近い地域ではほとんどすべての世帯が一部損壊
以上の被害をもたらすなど，避難率の高さと被災率の高さから大きな災害で
あったと言われている。また，復旧もままならない12月からは雪が降り始め，
その後，大雪となった年でもあり，有数の豪雪地帯に位置する中山間地で発
生したというのも大きな特徴とされる（河島・和泉，2006）。地震により山
間部では地滑りなどの斜面災害がおこったことで雪崩が多発したり，地震で
被災した建物が雪の重さで倒壊したりするなど，復旧が遅れるだけではなく，
さらに被害が拡大したのである。3メートルを超える雪の除雪は朝晩だけで
はなく，日中も続き，被災者は震災で疲れた身体に鞭を打って除雪を行って
いた。融雪パイプが破損した道路は雪に埋まり，交通渋滞を引き起こし，生
きていくために，日々生活をするために，どれだけの労力を要したかは計り
知れない。被災者は，余震が何度も続く中，大雪による生活の困難も加わり，
不安と疲労で心身ともに蝕まれていったと考えられる。そのような中で，震
災後の子どもたちへの心理的影響は多大なものがあったといえるだろう。

　阪神・淡路大震災以降，社会的関心も高くなり，被災者に対する心のケア
の重要性が指摘され（飯塚，2006），被災者の心理的影響に関する研究は多

くみられるようになっている。被災状況が及ぼす子どもへの心理的影響は大きいと言われており（井出・植本, 2002；中村, 2003；植本・高宮・井出, 2000），中越地震の際は阪神・淡路大震災の教訓を元に，新潟県教育庁義務教育課は早期に新潟県臨床心理士会と連携し，小学校，中学校をはじめとして学校現場へ震災における心のケアのためのカウンセラーを派遣している。震災による子どもへの心理的影響は大人と異なる形で表出されると言われており，その影響が大きいとされている（藤森・林・藤森, 1994）。阪神・淡路大震災の4ヶ月後において，小学校3年生，5年生，中学校2年生を対象に心身の状態を問う調査を行った研究（植本他, 2000）では，年齢によって心理的影響に違いがみられている。震災による恐れや不安は学年が下がるほど高く，抑うつ気分や身体化徴候も同様に学年が下がるほど高いという結果

写真3 冬季の新潟県長岡市川口町の様子 2018年2月撮影

写真4 冬季の新潟県長岡市川口町の様子 2018年2月撮影

がみられた。困っている人をみると助けてあげたい，みんなの役に立っていると感じるなどの向社会性・援助指向性得点において，中学2年生は有意に低くなるという結果が得られている。また，阪神・淡路大震災の1年2ヶ月後の心理的影響を調べた研究（住友他，1997）においては，小学校3年生から6年生，中学1，2年生を対象にストレス反応を調査したところ，学年が上がるほど身体ストレス反応が多くみられるという結果であった。抑うつ反応は中学生が高く，不安反応と日常生活の支障反応は学年が上がるほど少ないという結果がみられている。同じ調査項目ではないものの，身体反応は低学年に多くみられるという結果と，学年が上がる方が多くみられるという矛盾した結果が得られている。震災後早い時期（4ヶ月後）においては，身体反応は低学年に多く，震災後1年を過ぎた後は逆に学年が上がるほど多くみられるという，時期の違いも考えられるが，発達段階を考慮した中・長期にわたる実証的な研究を行う必要があるだろう。さらに，内見・山川・喜多・藤澤（2010）の研究においては，「幼児期・学童期では被災後早期から不安や恐怖などの感情表出が見られるが，思春期以降では逆に感情の抑圧や否認といった反応が見られる」とされている。このように震災後の子どもへの心理的影響については様々な研究がみられるものの，同じ対象者に継続的に調査を行った研究は少ない（西田他，1998）。奥山・船越・本多（2016）が指摘するように被災により成人とは異なる子ども特有の心的影響を受けるとされているが，自然災害の被害を受けた子どもの心理的影響を検討した研究は少ない。特に中越地震のように余震が非常に多く，その後も大雪により，長い期間不安にさらされた子どもにどのような心理的影響があったかを継続的に検討することは，中長期的な心理的支援を行う上で，重要な意味をもつといえるだろう。

　そこで同じ学校において継続的に調査を行い，どのような心理的影響がみられたかについて検討した結果を報告する。震災体験時の年齢が重要だといわれている（斉藤・西田，2001；丸山，2003）ことから，小学校1年生から6年生までの各学年においてどのような影響がみられるか，詳細に検討を行った。具体的には震災直後，1ヶ月後，1年後の3回のデータを比較検討した。

（2）方法

1. 調査対象者

　対象者は中越地震の被災地域にある小学校3校の児童計279名（1年生65名，2年生37名，3年生38名，4年生51名，5年生50名，6年生38名）であった。3校の小学校はいずれも激震地にある小規模校であった。

2. 調査期間

　中越地震直後の平成16年11月，1ヶ月後の12月，約1年後の平成17年11月の計3回であった。

3. 調査方法

　各学級において担任の先生から調査用紙が配られ，記入を求めた。なお，本調査は，文部科学省の中越大震災こころのケア事業としてカウンセリングを行う前のアンケートとして行われたものである。アンケートの分析については各学校長に趣旨を説明し同意を得た。

4. 調査内容

　「こころの健康調査票」は20項目からなり，内容としてはTable 1に示したとおりである。この「こころの健康調査票」は福岡県臨床心理士会が先行研究や実践を基礎に作成したアンケート（窪田，2005）であり，本研究においては「地震のことが気になってしかたがない」というように主語を地震と特定して用いている。あてはまる項目に○をつけるというものである。小学校1，2年生については，年齢を考慮し，よりわかりやすい文章となっており，項目も4項目である。他の学年と共通する項目は項目1「今回の地震のことが気になってしかたがない」，項目2「今回の地震についての夢を見た」，項目5「気持ちが暗くなる」の3項目のみである。

（3）結果

　各項目において，あてはまるとして○をつけた場合を1点，つけなかった場合を0点として，学年×時期（直後，1ヶ月後，1年後）の2要因分散分析を行った。

　項目1，2，5に関しては1年生から6年生までを，それ以外の項目においては3年生から6年生までの学年を比較した。各学年の男女別の人数を

Table 1　こころの健康調査票

	項目内容
1	今回の地震のことが気になってしかたがない
2	今回の地震についての夢を見た
3	ときどき，ぼーっとしてしまう
4	人に悲しい気持ちがわかってもらえない感じがする
5	気持ちが暗くなる
6	緊張していて，ちょっとしたことでも気になる
7	物音などに対して敏感になっている（ちょっとした音にも驚く）
8	よく眠れない（ねた気がしない）
9	なかなか集中できない
10	ちょっとしたことにも腹が立つ
11	いらいらする
12	学校にくるのが気分的にたいへん
13	食欲がない
14	おなかの調子が悪い（おなかをくだす，お腹が痛くなる）
15	体がきつい（つかれがとれない，だるい）
16	頭が痛い
17	自分が悪いのではと思うことがある
18	誰を頼りにしていいかわからない
19	自分が元気になれるか心配である
20	今回の地震のことを早く忘れてしまいたい

Table 2　各学年における男女別人数

	男子	女子	合計
1年生	27	38	65
2年生	16	21	37
3年生	15	23	38
4年生	28	23	51
5年生	28	22	50
6年生	13	25	38

Table 2 に示した。

　項目1「今回の地震のことが気になってしかたがない」において，2要因分散分析を行ったところ，時期の主効果（$F_{(2,546)} = 66.01$, $p < .01$）と学年の主効果（$F_{(5,273)} = 3.86$, $p < .01$）がみられた。この結果は Figure 1 に示した。時期において，主効果の検定を行ったところ，直後，1ヶ月後，1年後の順に高いという有意差がみられた。時間が経過すると「地震のことが気

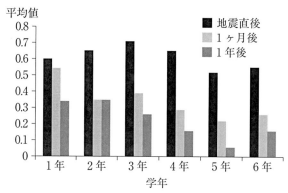

Figure 1. 項目1「今回の地震のことが気になってしかたがない」の結果

になってしかたがない」が減少するという結果がみられた。また学年の要因について，主効果の検定を行ったところ，1年生が5年生よりも高いという有意差がみられた。また2年生，3年生が5年生よりも高いという有意傾向がみられた。交互作用は有意な差がみられなかった。

　項目2「今回の地震についての夢を見た」において，2要因分散分析を行ったところ，時期の主効果（$F(2,546)=19.07$，$p<.01$）と学年の主効果（$F(5,273)=3.93$，$p<.01$）がみられた。この結果は Figure 2 に示したとおりである。時期の要因において，主効果の検定を行ったところ，直後と1ヶ月後が1年後よりも高いという有意差がみられた。直後や1ヶ月後までは地震についての夢を多く見ているという結果であった。学年の要因について，主効果の検定を行ったところ，1，2年生が5年生よりも地震の夢を見たという結果が得られた。また6年生が5年生よりも地震の夢を見たという有意傾向がみられた。交互作用に有意な差はみられなかった。

　項目5「気持ちが暗くなる」において，2要因の分散分析を行ったところ，時期の主効果（$F(2,546)=11.01$，$p<.01$），学年の主効果（$F(5,273)=4.72$，$p<.01$），交互作用がみられた（$F(10,546)=2.99$，$p<.01$）。この結果は Figure 3 に示した。交互作用の下位検定を行ったところ，地震直後において，2年生が5年生よりも高いという有意差がみられた。また，1ヶ月後において1年生が4年生，5年生よりも高いという有意差が，6年生よりも高いという

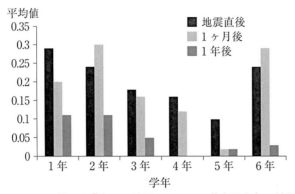

Figure 2. 項目 2「今回の地震についての夢を見た」の結果

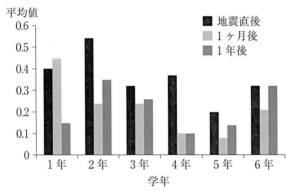

Figure 3. 項目 5「気持ちが暗くなる」の結果

有意傾向がみられた。1年後において，2年生が4年生よりも高いという有意傾向がみられた。地震からしばらくは低学年の方が気持ちは暗くなると答えている結果が得られた。また1年生において，直後，1ヶ月後のほうが1年後よりも高いという有意差がみられた。2年生において，直後のほうが1ヶ月後よりも高いという有意差がみられた。4年生においては，直後のほうが，1ヶ月後，1年後よりも高いという有意差がみられた。また，時期の主効果について下位検定を行ったところ，直後が1ヶ月後，1年後よりも高いという結果であった。気持ちが暗くなるのは地震直後でその後は少しずつ減っていくという結果である。学年の主効果について下位検定を行ったところ，1，

2年生が5年生より，高いという有意差がみられた。また2年生が4年生より高いという有意差が，1年生が4年生より高いという有意傾向がみられた。学年が低い方が気持ち暗くなると答えている結果であった。

　項目3「ときどき，ぼーっとしてしまう」において2要因の分散分析を行ったところ，時期の主効果がみられた（$F(2,346)=5.45$，$p<.01$）。この結果はFigure 4 に示した。主効果の検定を行ったところ，地震直後，1ヶ月後が1年後よりも高いという有意な差がみられた。地震後しばらくはぼーっとすると，どの学年も答えているが，1年経過すると軽減するという結果である。学年の主効果，交互作用において有意な差はみられなかった。

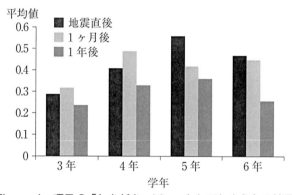

Figure 4. 項目3「ときどき，ぼーっとしてしまう」の結果

　項目4「人に悲しい気持ちがわかってもらえない感じがする」において，同様に分散分析を行ったところ，時期の主効果，学年の主効果，交互作用に有意な差はみられなかった。

　項目6「緊張していて，ちょっとしたことでも気になる」において，2要因の分散分析を行ったところ，時期の主効果がみられた（$F(2,346)=16.57$，$p<.01$）。この結果はFigure 5 に示した。下位検定を行ったところ，地震直後が1ヶ月後，1年後よりも高いという有意差がみられた。1ヶ月後が1年後より高いという有意傾向がみられた。3年生から6年生の比較であるが，学年の違いはなく，時間が経つほど気になる傾向は減るという結果であった。学年の主効果，交互作用に有意な差はみられなかった。

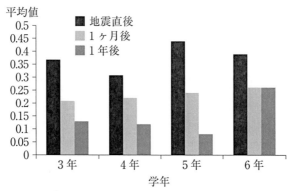

Figure 5. 項目6「緊張していて，ちょっとしたことで毛気になる」の結果

項目7「物音などに対して敏感になっている（ちょっとした音にも驚く）」において，2要因の分散分析を行ったところ，時期の主効果（$F(2,346) = 20.61$, $p<.01$）と交互作用がみられた（$F(6,346) = 2.39$, $p<.05$）。この結果はFigure 6に示したとおりである。交互作用において，下位検定を行ったところ，1ヶ月後において，6年生が5年生よりも物音が気になっているという有意差がみられた。6年生においては，1ヶ月後でも物音への過敏さは減少していないという結果である。3年生において，1年後よりも1ヶ月後のほうが高いという有意差が，直後のほうが高いという有意傾向がみられた。4年生において，直後のほうが1年後よりも高いという有意差がみられた。

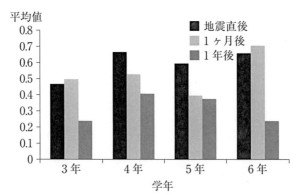

Figure 6. 項目7「物音などに対して敏感になっている」の結果

5年生において，直後の方が1年後よりも高いという有意差が，直後の方が1ヶ月後よりも高いという有意傾向がみられた。6年生において，直後の方が1ヶ月後，1年後よりも高いという有意差がみられた。また，時期の要因について主効果の検定を行ったところ，1年後よりも地震直後，1ヶ月後の方が高いという有意差がみられた。学年の主効果はみられなかった。

　項目8「よく眠れない（ねた気がしない）」において，同様に分散分析を行ったところ，時期の主効果がみられた（$F(2,346)=13.59$，$p<.01$）。この結果はFigure 7に示した。下位検定を行ったところ，地震直後，1ヶ月後が1年後よりも高いという有意差がみられた。学年に関係なく，1年経つと眠れるようになっているという結果である。時期の主効果，交互作用はみられなかった。

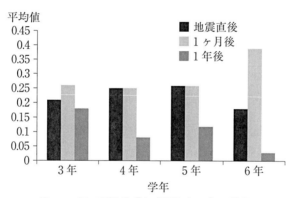

Figure 7.　項目8「よく眠れない」の結果

　項目9「なかなか集中できない」において，分散分析を行ったところ，時期の主効果がみられた（$F(2,346)=5.59$，$p<.01$）。下位検定を行ったところ，地震直後が1年後よりも高いという有意差が，1ヶ月後よりも高いという有意傾向がみられた。この結果はFigure 8に示した。

　項目10「ちょっとしたことにも腹が立つ」，項目11「いらいらする」において，同様に分散分析を行ったところ，有意な差はみられなかった。

　項目12「学校にくるのが気分的にたいへん」において，同様に分散分析を行ったところ，時期の主効果がみられた（$F(2,346)=8.76$，$p<.01$）。下位

検定を行ったところ，地震直後，1ヶ月後が1年後よりも高いという有意差がみられた。1年経つと学校にくることのたいへんさが減っているという結果である。この結果は Figure 9 に示した。学年の主効果，交互作用に有意な差はみられなかった。

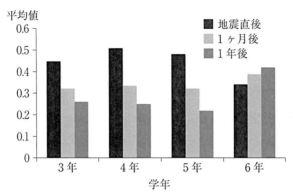

Figure 8. 項目9「なかなか集中できない」の結果

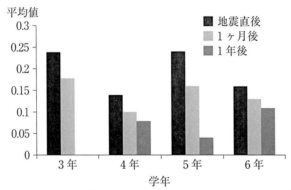

Figure 9. 項目12「学校にくるのが気分的にたいへん」の結果

　項目13「食欲がない」において，同様に分散分析を行ったところ，時期の主効果（$F(2,346) = 10.49$，$p<.01$）と交互作用がみられた（$F(6,346) = 2.33$，$p<.05$）。学年の主効果はみられなかった。交互作用について下位検定を行ったところ，地震1年後において，3年生が4，5年生よりも高いという有意差がみられた。3年生においては他の学年よりも1年後でも食欲の低下をま

だ訴えているといえる。地震直後において，5年生が6年生よりも高いという有意傾向がみられた。4年生において，地震直後，1ヶ月後が1年後よりも高いという有意差がみられた。5年生においては地震直後が1ヶ月後，1年後よりも高いという有意差がみられた。また，時期の主効果について，下位検定を行ったところ，地震直後が1年後よりも高いという有意差が，地震直後が1ヶ月後よりも高いという有意傾向がみられた。また1ヶ月後が1年後よりも高いという有意傾向がみられた。食欲は直後，1ヶ月後，1年後とだんだんと回復しているという結果である。この結果はFigure 10に示した。

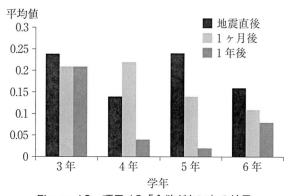

Figure 10. 項目13「食欲がない」の結果

　項目14「おなかの調子が悪い（おなかをくだす，お腹が痛くなる）」において，同様に分散分析を行ったところ，交互作用に有意差がみられた（$F(6,346) = 2.51$, $p<.05$）。下位検定を行ったところ，4年生において，1ヶ月後の方が1年後よりも高いという有意傾向がみられた。また地震1年後において，6年生が4，5年生よりも高いという有意差がみられた。6年生においては1年後においてもまだお腹の不調を訴えているといえる。この結果はFigure 11に示した。時期の主効果，学年の主効果はみられなかった。

　項目15「体がきつい（つかれがとれない，だるい）」において，2要因分散分析を行ったところ，時期の主効果（$F(2,346) = 3.57$, $p<.05$），学年の主効果がみられた（$F(3,173) = 6.88$, $p<.01$）。交互作用に有意な差はみられなかった。時期の要因において主効果の検定を行ったところ，地震直後，1ヶ

月後が1年後よりも高いという有意傾向がみられた。また学年の主効果について下位検定を行ったところ、6年生が3,4年生よりも高いという有意差がみられた。6年生は体のきつさを訴えているといえる。5年生のほうが4年生よりも高いという有意傾向がみられた。この結果はFigure 12に示した。

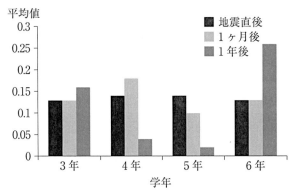

Figure 11. 項目14「おなかの調子が悪い」の結果

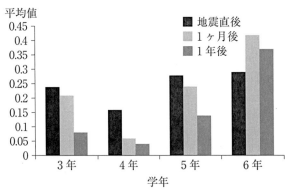

Figure 12. 項目15「体がきつい」の結果

　項目16「頭が痛い」において、同様に分散分析を行ったところ、交互作用に有意差がみられた（$F_{(5.72,323)} = 2.30$, $p<.05$）。下位検定を行ったところ、地震1年後において、6年生が5年生よりも高いという有意差が、3年生、4年生よりも高いという有意傾向がみられた。また6年生において、地震直後よりも1年後の方が高いという有意傾向がみられた。6年生においては頭

痛を訴えることが多く，地震1年後により多く訴えているといえる。3年生において，地震直後の方が1ヶ月後よりも高いという有意傾向がみられた。この結果はFigure 13に示したとおりである。時期の主効果，学年の主効果に有意な差はみられなかった。

項目17「自分が悪いのではと思うことがある」において，同様に2要因分散分析を行ったところ，時期の主効果がみられた（$F(1.86, 321.87) = 8.12$, $p < .01$）。主効果の検定を行ったところ，地震直後が1ヶ月後よりも高いという有意差が，1年後よりも高いという有意傾向がみられた。この結果はFigure 14に示した。学年の主効果，交互作用に有意な差はみられなかった。

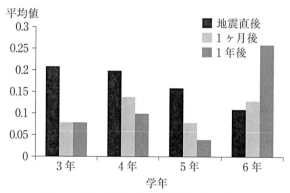

Figure 13. 項目16「頭が痛い」の結果

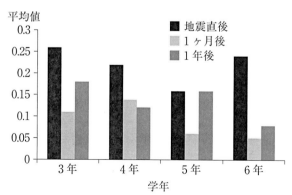

Figure 14. 項目17「自分が悪いのではと思うことがある」の結果

項目 18「誰を頼りにしていいかわからない」においても同様に 2 要因の分散分析を行ったところ，時期の主効果がみられた（$F_{(1.89,327.41)} = 14.39$, $p < .01$）。この結果は Figure 15 に示した。主効果の検定を行ったところ，地震直後の方が 1 ヶ月後，1 年後よりも高いという有意差がみられた。誰を頼りにしていいかわからないという不安感は 1 ヶ月後には低下しているといえる。学年の主効果，交互作用に有意な差はみられなかった。

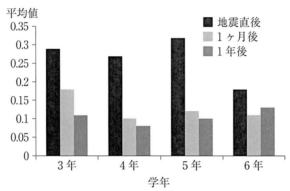

Figure 15. 項目 18「誰を頼りにしていいかわからない」の結果

項目 19「自分が元気になれるか心配である」においても，分散分析を行ったところ，時期の主効果（$F_{(1.86,321.44)} = 12.84$, $p < .01$），学年の主効果（$F_{(3,173)} = 4.80$, $p < .01$），交互作用がみられた（$F_{(5.57,321.44)} = 2.18$, $p < .05$）。交互作用について下位検定を行ったところ，地震直後において，3 年生が 4 年生，5 年生，6 年生より高いという有意差がみられた。自分が元気になれるかという心配感は学年が低い 3 年生において高いといえる。また 3 年生において地震直後が 1 ヶ月後，1 年後よりも高いという有意差がみられた。4 年生において地震直後が 1 年後よりも高いという有意な差がみられた。時期の要因において主効果の検定を行ったところ，地震直後が 1 ヶ月後，1 年後よりも高いという有意差がみられた。学年の要因において，主効果の検定を行ったところ，3 年生が 4，5，6 年生より高いという有意差がみられた。この結果は Figure 16 に示した。

項目 20「今回の地震のことを早く忘れてしまいたい」において，同様に

分散分析を行ったところ，時期の主効果（$F(2,346)=55.24$, $p<.01$）と学年の主効果（$F(3,173)=7.29$, $p<.01$）がみられた。交互作用に有意な差はみられなかった。時期の要因において主効果の検定を行ったところ，地震直後，1ヶ月後，1年後の順にそれぞれ有意差がみられた。早く忘れてしまいたいという気持ちは時期を経るごとに低下していくといえる。学年の主効果について下位検定を行ったところ，3年生が 5, 6年生より高いという有意差が，4年生が 5年生よりも高いという有意差がみられた。学年が低い方が忘れたいという気持ちが強いという結果である。この結果は Figure 17 に示した。

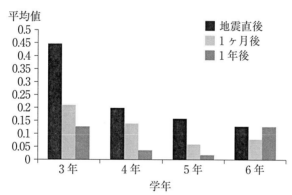

Figure 16. 項目 19「自分が元気になれるか心配である」の結果

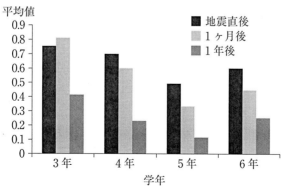

Figure 17. 項目 20「今回の地震のことを早く忘れてしまいたい」の結果

（4）考察

　本研究の結果から，項目3「ときどき，ぼーっとしてしまう」，項目6「緊張していて，ちょっとしたことでも気になる」，項目8「よく眠れない」，項目12「学校に来るのが気分的にたいへん」，項目17「自分が悪いのではないかと思うことがある」，項目18「誰を頼りにしていいかわからない」については学年に関係なく，時間が経過すると低下している。できるかぎり早く日常生活を取り戻すことが大切であるということから，中越地震後は学校の再開を早く行っている。震災のこころのケアも10月23日の本震後，11月には開始されていることから，このような回避，麻痺に繋がる項目は該当者が少なくなっている可能性が考えられる。

　次に，項目1「今回の地震のことが気になってしかたがない」，項目2「今回の地震についての夢を見た」については低学年のほうが高いという結果がみられている。項目19「自分が元気になれるか心配である」，項目20「今回の地震のことを早く忘れてしまいたい」については1，2年生が回答していない項目であるが，高学年に比べて中学年の方が高いという結果がみられており，植本他（2000）の研究と同様に，学年が下がるほど地震の夢をよく見ており，地震に関する心配や不安が高いという結果であった。年齢が低いほど，震災に関する不安や心配が高く，影響をより受けていると考えられる。また，項目15「体がきつい（つかれがとれない，だるい）」に関しては学年が上がるほど高いという結果がみられている。住友他（1997）の学年が上がるほど身体ストレス反応が多いという研究結果と一致した結果が得られた。

　しかし，項目13「食欲がない」は，1年後において，3年生が4，5年生より高いという結果がみられている。また項目14「おなかの調子が悪い」や項目16「頭が痛い」において，1年後では震災時6年生の訴えが多いという結果がみられた。身体症状については先行研究で学年が下がるほど症状がみられるという結果と学年が上がるほど症状がみられるという矛盾した結果が得られているが，本研究の結果からも，震災の1年後においては，3年生と6年生に身体症状がみられている。身体症状という形での表出については，今後もさらに検討を行う必要があると考えられる。

　阪神大震災の影響を検討した研究では低学年の方が影響は大きいという研

究が多く見られるものの，本研究においては，1年後の時点で，当時6年生の訴えが大きいという結果となった。小学校から中学校へと進学しており，小学生と中学生の症状表出の違いとも考えられるが，震災後1年という長期の影響を考える際には，年齢が低いほど大きな影響を受けるとは一概にはいえないのではないだろうか。小学校から中学校へと環境移行があることにより，頭痛やお腹の調子という身体症状をより訴えるという形で影響がみられたとも考えられるだろう。特に今回の中越地震では余震がかなり多く，その後の大雪も降るなかで，小学校の最高学年として6年生はしっかりしなければいけないと頑張っていた可能性も考えられる。項目7の音への過敏さは地震1ヶ月後では5年生に比べて6年生は高いという結果が得られている。2学期の終わりの時点ではまだ音への過敏さを抱えていたものの，3学期になれば卒業式に向けての様々な準備もあり，学校の復興と共に，頑張っていったのではないかと思われる。中学校に入ることでの慣れない生活もあるが，小学校における最高学年への大きな期待などにより，6年生の時に無理に頑張った影響が1年後に出てきているとも考えられる。いずれにしても，震災後の中長期的なケアを考える際には，低学年のケアはもちろんのこと，小学校における6年生のケア，中学校への環境以降についても考える必要があるだろう。

　本研究において，項目4「人に悲しい気持ちがわかってもらえない感じがする」，項目10「ちょっとしたことにも腹が立つ」，項目11「いらいらする」の3項目については，時期の主効果，学年差，交互作用に有意な差はみられなかった。これらの項目は震災後1年を経過しても低下していないとも考えられ，中越地震の余震の多さ，その後の大雪による春までの長期間の復興の遅れなどが影響していると考えられる。誰にも悲しい気持ちが理解してもらえない，どこにもぶつけようもない怒りを小学生において，1年経過しても感じ続けていると考えられ，中越地震のような余震が多く大雪にも見舞われるといった中長期的な影響が大きい場合は怒りを感じたままである可能性も考慮に入れてケアを行う必要があるだろう。

【謝辞】
　本研究において貴重な資料を提供していただきました，新潟県北魚沼郡川口町（現：新潟県長岡市）立川口小学校，川口中学校の皆様に感謝申し上げます。統合前の北魚沼郡川口町立泉水小学校，田麦山小学校の皆様に感謝申し上げます。震災により被害を受けられた皆様に心よりお見舞い申し上げます。

文献

1 ）藤森立男・林　春男・藤森和美（1994）．北海道南西沖地震被災者の心理的サポートシステムの構築に関する研究　北海道教育大学紀要，45（1），133-149.

2 ）井出　浩・植本雅治（2002）．災害と子ども―阪神淡路大震災の経験から―児童青年精神医学とその近接領域，43（4），45-414.

3 ）飯塚一裕（2006）．災害被災者に対する心のケア―新潟県中越地震における医療救護班活動報告―永原学園西九州大学・佐賀短期大学紀要，36，133-137.

4 ）河島克久・和泉　香（2006）．十九年ぶりの豪雪が被災地を襲う　高濱信行（編著）　新潟県中越地震―新潟の大地　災害と生活―新潟日報事業社 pp.131-159.

5 ）風岡　修・卜部厚志（2006）．中越地震と被害の特徴　高濱信行（編著）　新潟県中越地震―新潟の大地　災害と生活―新潟日報事業社 pp.27-72.

6 ）窪田由紀（2005）．緊急支援とは　福岡県臨床心理士会編　学校コミュニティへの緊急支援への手引き　金剛出版 pp.45-76.

7 ）丸山奈緒（2003）．阪神・淡路大震災における青少年の心理面への長期的影響について　臨床教育心理学研究，29，1-7.

8 ）内見紘子・山川真裕美・喜多淳子・藤澤正代（2010）．被災時の子どもの心理反応及び必要とされるケア―「心のケア 4 原則」の検討を含めて―大阪市立大学看護学雑誌，6，35-46.

9 ）中村　肇（2003）．大規模災害から子どもを守る　小児保健研究，62（2），131-136.

10）西田裕紀子・野上奈生・住友育世・神藤貴昭・斉藤誠一・佐藤眞子・吉田圭吾・清水民子・柳原利佳子・山本智一・森田英夫・寺村忠司・坂口喜啓・田中孝尚（1998）．阪神・淡路大震災の心理的影響に関する研究Ⅳ―第 4 回調査報告―神戸大学発達科学部研究紀要，5，621-632.

11）奥山純子・船越俊一・本多奈美（2016）．地震を経験した子どもの心理的問題についての文献検討　児童青年精神医学とその近接領域，57，183-194.

12）大類真嗣・田中英三郎・前田正治・八木淳子・近藤克則・野村恭子・伊藤弘人・大平哲也・井上彰臣・堤　明純（2020）. 災害時のメンタルヘルスと自殺予防　日本公衆衛生雑誌，67（2），101-110.

13）斉藤誠一・西田裕紀子（2001）. 阪神・淡路大震災の心理的影響に関する研究―5 年後調査報告―神戸大学都市安全センター研究報告，5，251-257.

14）澤田雅浩（2009）. 地理情報システム等地図を活用した災害対応や復旧・復興における状況認識の共有化の試み　自然災害科学，28（3），231-239.

15）住友育世・野上奈生・斉藤誠一・佐藤眞子・吉田圭吾・清水民子・柳原利佳子・山本智一・森田英夫・寺村忠司・坂口喜啓・田中孝尚・神藤貴昭・舛井律子・松田信樹・山口昌澄・二宮奈津子・宅香菜子（1997）. 阪神・淡路大震災の心理的影響に関する研究Ⅱ―第 1 回調査の報告―神戸大学発達科学部研究紀要，5，15-25.

16）植本雅治・高宮静男・井出　浩（2000）. 阪神淡路大震災が子どもたちにもたらした精神医学的影響とその経過　臨床精神医学，29（1），1-21.

17）植本雅治・塩山晃彦・小出佳代子・本多雅子・高宮静男・白川敬子・内海宏一郎・松本洋美・山本健治（2000）. 阪神淡路大震災が小中学生に及ぼした心理的影響（第一報）　精神神経学雑誌，102（5），459-480.

4 減災教育から読み解く 1755 年リスボン地震と宰相ポンバルの復興計画

村田　守

（1）はじめに

　日本は地震頻発国であり，最古の地震記録として416年の允恭（いんぎょう）地震が，最古の震災記録として599年推古地震が日本書紀に記されている。樋口一葉（1872年～1896年）が生前に本として唯一発行できた「通俗手紙文」（博文館，1896年5月）は，手紙の文例集である。その中の，お見舞い文の例として，試験に落第せし人のもとに・同返事等と共に地震見舞いの文・同返事が掲載されており，森（2004）の解説付きで読むことができる。返事文例には，海嘯（海から川へ遡る水流から津波の意），地鳴り，火事や余震等の用語がちりばめられており，いろんな被害に対応できるように工夫されている。このことは，一葉は24歳の短い生涯の中で多くの地震を体験したり，新聞報道で知ったりしていたことを示している。また，地震見舞いの文例の必要な読者も多かったのだろう。

　世界で最初の地震学会が設立したのは，日本であった。1880年に，御雇外国人のミルンが中心となり設立した。地震被災経験の無い英国人3名によるユーイング・グレー・ミルン式地震計が1883年に日本の気象台に採用された。改良型は英国科学振興協会の地震学委員会の標準地震計として数年間利用された。1881年に，ユーイングは自作地震計に東京で観測された地震記録から，P波とS波を認め，それが縦波と横波であると説明したが，これが確立するには30年を要した（宇津，1977）。しかし，地震学が他分野に応用されることはなく，地震被害を減少させるための耐震設計の基本ができるのは，1923年の関東大震災まで待たねばならなかった。この地震の被災調

査の結果，沖積平野の下町では2階建ての木造家屋に被害が多く土蔵に被害が少ないが，洪積世の山の手では2階建て木造家屋の被害が少なく土蔵に被害が多いことが明らかになった。地震は波で伝わるので，建物の固有振動周期とその地盤の固有振動周期が合えば，被害が大きくなることが合理的に理解できるようになった。

　一方，1755年に地震に見舞われたポルトガルの宰相ポンバルは，過去の地震体験はなかったものの，リスボン中心街の復興再開発を行った。下町の繁華街を南北方向（厳密には北北西－南南東）に伸びた4階建ての建物による整然とした格子状の町並みに作り替えた。4階建ては固有振動周期の考えと同じであるが，南北方向に伸びた建物はS波の振動方向に対処している。地震頻発国であり，世界初の地震学会を設立した日本人が，1923年になっても考えつかなかった建物の伸びの方向による被害の大小に何故宰相ポンバルが気付いたのか。尤も，被害の方向性＝地震の応力の違いについては，ミルンは気付いていた。彼は，1880年2月22日の横浜地震後の横浜外人墓地の墓石の回転の様子をスケッチ（金，2007の図1・1及び1・3）に残している（村田・川真田，2021）。彼は鉱山技師であったから，地質学も知っていて応力の方向に気付いて，墓石の回転に気付いたのであろう。しかし，それらの観察は地震減災に結びつくことはなかった（村田・川真田，2021）。

　地震学の創成の前に，地震の本質に気づき，減災対策による都市復興・再開発を実現した宰相ポンバルについて調べることは，地震減災教育に大きなヒントを与えるにちがいない。なお，ポンバルはその名をセバスティアン・デ・カルヴァーリョ・イ・メロと言い，1777年にポンバル侯爵に叙せられるが，本稿では便宜上宰相ポンバルと表記する。

（2）1755年リスボン地震の概要

　1543年にポルトガル人が種子島に漂着，その後の南蛮貿易から，ポルトガルは日本には最も古くから交流のあるヨーロッパの国である。彼らがもたらしたカステラ・金平糖・鶏卵素麺等はすっかり日本の銘菓として根付いている。鰯・鯖・太刀魚・蛸等を食べる食生活も似ているが，地震の有無が両国の違いと思われて来た。ユーラシア大陸西端の地に地震は無いものとプ

レートテクトニクスの導入以来信じられていたから，リスボンで1755年に地震があったことは地球科学を学んだ者の多くにとって信じられないことであった。

1．リスボンの過去の地震

　ギリシャ・バルカン半島・イタリアを除いて，ヨーロッパでは地震の発生頻度が少ないとされている。中西部ヨーロッパで，紀元前から震災記録の残っている大地震は以下の5件である（Mはマグニチュード，Mwはモーメントマグニチュードの略）。1348年1月28日オーストリア地震（M6.8），1356年10月18日スイス・バーゼル地震（M6.8），1531年1月26日リスボン地震（死者3万人，Mw8.0～8.4），1755年11月1日リスボン地震（Mw8.5～9.0），1941年11月25日北大西洋リスボン沖地震（M8.2）。1755年リスボン地震に関する文献を見ても，1531年リスボン地震の記述はないので，被災体験は伝承されていなかったと思われる。

2．1755年リスボン地震

　1755年11月1日午前9時30分（40分の記述も多い）に，推定Mw8.5～9.0の巨大地震が起こった。震源は，リスボン西南西のユーラシアプレートとアフリカプレートの境界のアゾレス・ジブラルタル断層の一部が動いたためと考えられている（James and Kozak, 2005）が，諸説も多い。Jack（2005）は大きな地鳴りとともに揺れた1回目の地震は1分未満で治まり大きな被害を与えなかったが，引き続き2回の震動が被害を与えたとしている。James and Kozak（2005）は連続的に3回地震が起こり，1回目はあまり大きくなく，2回目が最も大きく3分半揺れたとしている。また，10分以上揺れたという説もある。

　1755年の被害の正確な見積もりは難しい。地震発生6週間後に最初の報告書が出版され，これには死者7万人とある（Jack, 2005）。行政によるリスボンの人口の統計は無く，行政は教会が作成する教区の名簿に依存していた。しかし，この名簿は12歳以上に限られ，復活祭の告解を怠ると罰せられるために，不信心者は掲載されるのを望んでいなかったため，正確な人数は不明である。それでもリスボンはロンドン，パリ，ナポリに次ぐ世界第4位の大都市とされ，人口27万5千人（Jack, 2005）のうち最大見積もりで9万人

（Dynes, 2005）が，地震・津波・その後5日続いた火災で死亡した。建物の85％が倒壊したとも言われている。

　被害はリスボンに留まらず，ポルトガル南半分・スペイン南部・モロッコ等に及んでいる。震動はヨーロッパ中で感じられ，英領アメリカ（1776年独立）でもオンタリオ湖での波動，ペンシルバニアでの震動，ボストン地震としての報告がある（James and Kozak, 2005）。

　津波は，地震発生後40分〜75分後に発生した（James and Kozak, 2005）。波が引き海底が現れた後に，津波が計3回押し寄せた。リスボンはテージョ川河口の街であり，ここには15mの津波が押し寄せた。7万巻以上の稀覯本や絵画やバスコ・ダ・ガマらの航海記録等が失われた。南西端のザグレスの要塞は，30mの津波に飲み込まれ破壊された（図1）。津波は，ヨーロッパ西海岸，地中海，北アフリカにも襲いかかり，多大の被害を与えた。アイルランド西方のゴールウェイでは，1584年に波止場を守るために建てられた4つのスパニッシュアーチはこの津波によって破壊され，2つになっている（図2）。

　地震・津波で逃げ惑った人々を火災が追い打ちをかける。火災は5日続き，リスボンは灰燼に帰した。

図1　ザグレス要塞の切り立った海岸　（撮影：村田　守）
ヨーロッパの切り立った西海岸を見ると，ウェーゲナーが大陸移動を考えついたのも宜なるかなと思ってしまう。

図2　ゴールウェイのスパニッシュアーチ　（撮影：村田　守）
現在2つのアーチが残っている。

3．リスボンの地形と地震災害

　リスボンは坂の街であり，ケーブルカーが名高い。つまり，リスボンは沖積平野とそれを囲む洪積世よりも古い時代の丘陵地帯からなり，急峻な坂道をケーブルカーが結んでいる。現在の地震災害報道は写真が使われているが，リスボン地震の災害報告書には銅版画（エッチング？）が添えられており，この地震から報道スタイルが定着したようだ。絵画はその後の想像で描かれたものも多いようであるが，版画はリアルタイムの現地でのスケッチが多いようだ。James and Kozak（2005）は彼らの示した版画から，丘陵地帯には教会等構造物の崩壊はあったが土砂崩れは無かったことを，平野部の版画から，木造家屋の崩壊と液状化現象を読み取っている。版画の作者に地質学の知識は無かったであろうから，恣意的な掻き分けをしたとは思われないので，版画の信憑性は高いと思われる。固有振動周期の短い丘陵地帯では，イスラム支配を色濃く残す木造家屋は残ったが，固有振動周期の短いサン・ジョルジェ城や教会は破壊された。当時の現状を残すカルモ教会を図3に示す。宰相ポンバルは11月29日に軍に固有振動周期の長い平野部で建物の被害状況を調べるよう命じ，4階建て・南北方向に伸び・窓が小さい建物に被害が小さかったことに気付いた（Kendrik. 1955）。

図3　カルモ教会　（撮影：村田　守）
1755年11月1日の状態を留めている。現在，考古学博物館として公開されている。

4．リスボン市民とヨーロッパ啓蒙思想家の地震観

　慈悲深い神がなぜ，敬虔なカトリックの国に，それも11月1日の万聖節の教会のミサ中に地震・津波・火災の大惨事を罪として与えたのかは，当時の神学・哲学では説明できず，衝撃的であった。被災者や教会は，この惨事を地震は神による罪の証であり，ヨハネの黙示録の大淫婦の裁きとバビロンの滅亡と捉えたようだ(James and Kozak, 2005, Fig. 5)。この衝撃はヨーロッパ中に及んだ。

　当時の自然科学の状況を見てみよう。太陽は万物の中心であるというエルメス思想に気触れていたコペルニクス（1473年〜1543年）が地動説を本と

して印刷するのは，1543年であり，教会からは反対されていた。当時のヨーロッパの自然観は，地上と天体を支配する法則は異なると考えられていたが，ニュートン（1640年～1727年）は地上と天体が同じ法則で支配されることを示した。彼によって地動説も科学的に初めて証明され，自然界の現象は時空を超えた普遍的な法則によって説明されたはずであった。しかし，1755年のリスボン地震を経験したフランスやドイツの啓蒙思想家においても，地震そのものが初体験のためか，神との折り合いをつけるのに苦労した。

ヴォルテールは，慈悲深い神と悪や苦痛の存在は矛盾しないという弁神論に救いを求め，「リスボンの災禍に関する詩」において神の存在性と慈悲に対する批判を行った。無神論的で文明賛美的な傾向で教会批判を行うヴォルテールに対し，ルソーは地震惨禍は神の非情さで生じたのではなく，都市の過密による人災であるとし，社会が人間を堕落させたのであるから，人間を善良・自由・幸福なものとして作った自然と調和することを説いた。

カントは人間の力の及ばない自然の巨大さに対する感情である崇高の概念から，地震の発生メカニズムを演繹的に考察している。彼は，地震は熱いガスに満たされた地底の空間が震動するために生じると考えた。この考えは，現在の考えと相容れないが，地震を自然災害として捉えている。伏見城築城時に鯰対策（既に地震は地下の鯰が動いて起こると信じられていたことが分かる）をせよと命じた豊臣秀吉や東日本大震災時に天罰発言をした芥川賞作家に比べ，カントは極めて理性的であった。

（3）宰相ポンバルの政治的施策

1755年は，日本では宝暦5年9代将軍家重の時代であり，元禄時代と文化文政時代の間にあたり，映画やドラマでもあまり扱われないようだ。1703年には元禄地震が，1707年には東海・東南海・南海3連動の宝永地震が，1751年には名立崩れの宝暦高田地震が，1766年には明和津軽地震が発生したが，特に減災対策がとられたような記録は無い。倒壊した建物を片付け，同じような建物を建てるだけで，観察や科学的な考察は生まれなかったようだ。

リスボンでは，減災対策や都市復興計画等が矢継ぎ早に打ち出され，地震

発生1年後に復興する。イギリスをはじめ海外からの支援物質が震災当初から届いており, ヨーロッパの情報網の発達や物資の流通等インフラ整備には目を見張るものがある。現在の海外からの地震復興支援の原形が既にできあがっている。但し, リスボンの経済活動やインフラ整備を担ったのはイギリス人であったが, 彼らは震災後に帰国する。産業革命に立ち後れたポルトガルは, 品質の悪い自国製品が高品質のイギリス製品に駆逐され, それらをブラジルで販売しても, 航路を開拓したイギリス製品に駆逐され, それらをアフリカの植民地で販売するも, さらに航路や港を開発した英国製品に押し出され, ポルトガルの経済は衰退していく。

1. 宰相ポンバル誕生と解任

ポンバル（1699年～1782年）は下級貴族の子として生まれ, 荘園の管理に従事した後, 外交官としてのキャリアをスタートさせた。1739年から1743年までロンドンの聖ジェームズ宮廷でポルトガル大使を務め, 英国の貿易立国・産業形態について学んだが, 英国の南米拡大政策には懐疑的であった（Dynes, 2005）。英国で学んだことが, 宰相時のポルトガルの経済・外交政策に生かされることになる。1743年から1750年までウィーンのマリア・テレジア宮廷で大使を務めるが, 彼はこの移動を彼に反感を持つ貴族層が彼を英国の経済や商業問題から引き離したと怒っていた（Dynes, 2005）。しかし, マリア・テレジアの検閲制度の改編やイエズス会からウィーン大学を解放する試みを目の当たりにする。これも, 宰相時の教育改革でイエズス会を追放し, 母校コインブラ大学を復活させる等に結びついている。

ポンバルの在外生活はジョアン5世（1705年～1750年）の死まで続く。即位した息子のジョゼ1世は36歳で, ジョアン5世の死後3日目にポンバルを大臣に内定し, その3日後に彼を外交・軍事大臣に任命した。ジョアン5世はブラジルで得られた金・銀・ダイアモンドで彼の治世を示す記念碑や宮殿建設に熱心であったが, 息子のジョゼ1世の興味は, 乗馬・カードゲーム（賭博）・観劇とオペラ・祈祷であり, 政務をポンバルに丸投げした。1755年リスボン地震の際, ポンバルが責任者となり, 国王の全面的なバックアップをうけるが, これは当時の宰相が老齢で病気であったためで, 地震の2～3ヶ月後に死亡した後に, ポンバルがその地位に就いた（Dynes,

2005)。

　1755 年リスボン地震とその後の経済復興に際獅子奮迅の働きに対して
1770 年に侯爵位が授けられた。しかし，ジョゼ 1 世の死後即位した長女マ
リア 1 世により，1777 年に宰相を解任される。これは，ポンバルに権力が
集中したことに反感を持った高級貴族がジョゼ 1 世の暗殺に失敗した際に，
ポンバルは逮捕した貴族を残虐な公開処刑にし，同時に加担した有力貴族や
王族の一部を一掃してしまう。その非情さを快く思っていなかったマリア 1
世は即位と同時にポンバルを解任した。ポンバルは，その後ワイナリーと荘
園で隠遁生活を送り，政界への影響力は無くなった。

2．宰相ポンバルの危機管理と復興施策

　ポンバルはジョゼ 1 世から地震災害の緊急対策に関する全ての権限を与え
られていたので，矢継ぎ早の対策が可能となった。治安維持・経済統制・都
市再建に大別される。1758 年に出版されたジョアキム・ジョセフ・モレイラ・
デ・メンドウサの「万物の創造から今次の世紀に至る世界地震通史」はポル
トガル語古語で書かれているためか，英訳されたり，引用されたりすること
はないようだ。これの日本語訳が永治日出雄愛知教育大学名誉教授の HP に
「世界地震通史」として掲載されている。地震後すぐの出版で，体験を中心
に書かれているので，資料としても貴重であろう。既に多くで記されている
内容以外のものを（永治第◯項）として記述する。

　治安維持に関しては，ポンバルは 11 月 2 日に軍隊に命じ，教会の了承の
下，遺体をテージョ川に水葬し，疫病の発生を抑えた。消火隊を組織し，消
火にあたらせる一方で，港湾の封鎖と陸路の封鎖を行った。港湾の封鎖はア
フリカの海賊対策である。陸路の検問所は通行手形を持った者以外のリスボ
ンへの出入りを禁止した。これは，盗賊の侵入を防ぎ，流出する市民を瓦礫
除去に従事させるためであった。監獄の崩壊により逃げ出した囚人や盗難の
ために，軍隊に市中の警護をさせた。町中には絞首台が作られ，略奪した者
は，直ちに絞首台に送られ処刑された。数日で 30 数名が処刑された。死体
は，見せしめのために絞首台の脇に数日間晒された（永治，第 549 項）。僧院・
修道院・貴族は放浪する人々を受け入れた（永治，第 504 項）。一部は病院
として治療も行った。多くは四肢の切断が必要であり，多数が傷口からの壊

疵で亡くなった（永治，第496項）。

経済統制として，食料の統制と物価の統制がある。食料は大部隊の支援で分配され，教区の責任者が点検した。魚介類の税金は翌年1月まで免税された。食料品の高騰に対しては震災前の10月末の価格での販売，人手不足にとる賃金高騰には通例の賃金支払いとし，違反者には瓦礫の除去の刑が課された（永治，第550項）。主に英国から食料品の支援もあり，飢餓で死んだ者はなかった。住宅建設用の木材の価格統制もとられ，12月3日には震災後の借地料や家賃の契約は無効にされ，従来の金額とされた（永治，第551項）。また，市内再復興計画地での家屋の建替えも禁止された。

都市再建として，首席技術官マヌエル・デ・マイヤ中尉にリスボン再開発の設計図の作成が命じられた。彼は，1755年12月4日・1956年2月16日・3月31日付けの文書を提出した。被災地・建物の調査の結果，大きな広場，真っ直ぐな道路，均等な高さの左右対称な建物からなる全体計画を立案した（永治，第553項）。その実現に，再建計画に支障のある建物の取り壊し，資材・人件費等物価の高騰の抑制，建築構造の安全性の研究を求めた。

建築予定の建物の小型模型が作られ，多くの兵士にその廻りを走らせ，振動を生じさせ，耐震設計の確認を行った。その結果，リスボンの都市再開発は約1年で完了した。

（4）地震減災の魁としての宰相ポンバル

1．地震災害の普遍化

世界で最初に地震学会が誕生するのは，1880年の東京であったから，宰相ポンバルに地震の知識は無かった。また，リスボンで地震があったのは200年以上前の1531年であったから，過去の経験から類推することもできなかった。ポルトガルは経験なカトリック教国であるから，多くの教会があった。司祭は教育があったので，読み書きができた。そこで，ポンバルは国中の教区の司祭に以下の質問状を送った。

A）地震はどのくらい続いたか。

B）例えば，南北方向に強く揺れたというふうに，地震の揺れに特定の方向はあったか。建物の崩壊でも，特に一方的に崩れるということはあったか。

C）余震は何回感じられたか。

D）死者の数等，どのような被害があったか。

E）海水位は引くのが早かったか，それとも上昇が早かったか。海は普段の水位からどれだけ上昇したか

F）動物が不振な振る舞いをしなかったか。

G）井戸や水穴には何が起こったか。

　司祭ではないが，メンドーサは，A）については3回あった地震のうち2回目が7〜8分，B）については北から南に揺さぶるように続いた，D）については硫黄の臭気と大地のあちこちに幅広くはないが延々たる亀裂の発生を述べている（永治，第473項）。また，E）については海水が背進し，大きもの三度小さきもの数度と述べている（永治，第474項）。

2．現在の地学では

　過去の科学的な取り組みに対して，現在正しいだろうと思われる価値基準で判断するホイッグ史観で論評することは，厳に慎まねばならないが，宰相ポンバルの教区への質問は現在の被災地への問い合わせ内容とほぼ一致しているし，それを基にした都市復興対策は異様なほど現在の地学の見地で合理的に説明できる。

　地震が起こると地質学徒は墓場に出かけて，墓石の倒れた数，倒れた方向や回転した方向を調査する。また，電柱・門柱・ブロック塀等の倒壊した方向や揺すられた方向も調査する。1978年の宮城沖地震では大規模な調査が行われた（東北大学理学部地質学古生物学教室，1979）。その結果，建物の固有振動周期と地盤の固有振動周期，そして被災（予定）地と震源の位置から，倒れ易い建物と倒れ易い方向が理解・予測できるようになった（村田・川真田，2021）。1755年の宰相ポンバルにやっと追いついたにすぎない。

　宰相ポンバルが再開発したリスボンは，整然とした街並から麗しのリスボンと呼ばれており，4階建てで窓が小さく南北方向に伸び，瓦の崩落を防ぐ防御壁を付けたポンバル様式の建物が今も健在である（図4）。昨今の住宅事情の悪さから，屋上に建て増しし，一見4階建てだが実は6階建てとなっている建物も多い。宰相ポンバルの施策はリスボンに留まらず，リスボンか遠く離れたスペインとの国境の街ヴィラ・レアル・デ・サント・アントニオ

図4　ポンバル様式の建物　（撮影：村田　守）
写真の左上が北で右下が南。

にもポンバル広場はあり，広場や周囲の街並は南北方向に長い格子状の街並
が整然と作られている。一方，国境のグアディアナ川の対岸のスペインのア
ヤモンテは，雑然とした迷路のような街並を作っている。ポルトガル国民の
多くが宰相ポンバルの地震は自然災害の考えに基づく復興計画に賛同し，受
け入れたのであろうか，それとも独裁者を恐れて被災後の街を言われるまま
に再開発したのであろうか。

　進行方向に直角な面内を振動するS波の実験教材（村田・川真田，2021）
や危険なブロック塀の倒れる方向の実践（川真田ら，2015）から，日本人に
は宰相ポンバルの復興計画は理解し易いが，このような教材で一度ポルトガ
ル人に宰相ポンバルの復興計画を尋ねてみたい。

（5）おわりに

　地震が波で伝わることを知らなかったポンバルが何故，建物と地盤の固有
振動数が同調しないように建物の高さを決めたのか，また，S波の振動方向
と建物物の伸びの方向を決め，ポンバル様式の建物によるリスボンの復興計
画を実現できたのか。危機管理とその後の経済・行政・教育改革・奴隷制廃
止等のポンバルの政治家としての検討やイギリスやオーストリアでの外交官
としての論及はあるが，彼の科学的素養について触れた研究はない。イエズ

ス会を追放し，教育改革を行い，コインブラ大学を再建したから，冷徹な実務家は宗教から距離をおいていたために，演繹的でなく帰納的な減災対策を可能にしたのかも知れない。当時の日本では誰も地震災害の本質を見抜けなかったが，たった一度の地震で地震災害の本質を見抜き，減災対策を完遂したポンバルの慧眼さに，地学的なアプローチが必要であろう。

【謝辞】

　本研究には，兵庫教育大学大学院連合学校教育学研究科（博士課程）共同プロジェクト（X）及び科研費 18H01071 の一部を使用した。記して謝意を表する。

引用文献

Dynes, R.R.（2005），The Lisbon earthquake of 1755: the first modern disaster. In The Lisbon earthquake of 1755 Representation and reactions, pp.342, Braun, T.E.D. and Radner, J.B. Eds., Voltaire Foundation, Oxford, 34-49.

Jack, M.（2005），Destruction and regeneration: Lisbon, 1755. In The Lisbon earthquake of 1755 Representation and reactions, pp.342, Braun, T.E.D. and Radner, J.B. Eds., Voltaire Foundation, Oxford, 7-20.

James, C.D. and Kozak, J.T.（2005），Representation of the 1755 Lisbon earthquake. In The Lisbon earthquake of 1755 Representation and reactions, pp.342, Braun, T.E.D. and Radner, J.B. Eds., Voltaire Foundation, Oxford, 21-33.

川真田早苗，香西　武，村田　守（2015），生きる力を育む学校防災教育プログラムの開発と実践．生きる力を育む学校防災Ⅲ，学校防災研究プロジェクトチーム著，pp.295，協同出版，東京，188-210.

Kendrick. T.D.（1955），The Lisbon Earthquake, pp.170, Methuen Co. Ltd., London.

金　凡性（2007），明治・大正の日本の地震学「ローカル・サイエンス」を超えて．pp.174，東京大学出版会，東京.

森まゆみ（2004），樋口一葉の手紙教室．ちくま文庫，pp.272，筑摩書房，東京.

村田　守，川真田早苗（2021），自然災害（地震・火山噴火・水害）の減災教育用実験教材の開発，鳴門教育大学紀要，35，印刷中.

東北大学理学部地質学古生物学教室（1979），1978 年宮城沖地震に伴う地盤現象と災害について．東北大地質古生物研邦報，80，1-97.

宇津徳治（1977），地震学．pp.286，共立出版，東京.

第 2 章

持続可能な社会の構築と防災教育

1 被災地における防災教育の実践Ⅱ
—地域教材を活用した防災教育の実践—

齋藤　由美子

（1）はじめに

　七郷小学校は，文部科学省による指定を受けて，平成25年から平成28年の4年間，新しい教育課程や指導方法の開発を行ってきた。指定終了後も，教科横断的なつながりを持った学習プログラムとして深化・発展させるべく全校で取り組みを続けている。七郷小学校が9年間取り組んできた成果のひとつとして，学校全体の防災教育カリキュラムが確立できたことが挙げられる。本校が独自に設定した「防災・安全の学習」で扱うべき内容を，発達段階に応じて系統立てて構成しカリキュラムを作成した。その柱となるのが「災害対応力の育成」と「震災の記憶の継承」である。他教科との関連を図り防災学習として単元のまとまりを持ったカリキュラムを作成している。

　これまでカリキュラムの見直しを繰り返す中で，授業準備の効率化とより一層分かりやすい授業を目指し，総合的な学習の時間と防災・安全の学習を組み合わせて再構成することにした。これまでは，総合的な学習の時間と防災・安全の学習の目標をそれぞれに設定して取り組んでいたため，児童には，双方の内容を混同してしまい分かりにくく感じられることがあった。教師にとっては，準備や外部との連絡に時間が掛かかり負担が大きかった。しかし，双方の目標を擦り合わせ，大単元として取り組むことで，効率的に授業準備をすることができ，目標が焦点化されることで児童には分かりやすい内容となった。

　令和元年度は，児童がこれまで以上に主体的に取り組むことができるよう地域教材を積極的に活用した学習プログラムの開発に力を入れ，新たなカリ

キュラム編成に取り組んだ。

（2）カリキュラムの実際

　ここでは，令和元年度の第4学年を例に，どのような年間カリキュラムで学習に取り組んでいるかを紹介する。

第4学年　防災安全の学習の主な内容

① 災害対応力の育成的観点から「地震の備えについて」

　　第4学年では，災害を恐れて生活するのではなく，十分に備えることにより安心して過ごせるよう学習している。第3学年で学んだ保存食の学習からさらに食料以外の備えに目を向け，危険回避のための備えや生き抜くための備えについて学習する。また，家庭の備えだけでなく，学校や地域の備えにも目を向け，公助の役割についても理解できるように配慮した学習プログラムを作成した。

表1　災害対応力の育成　各学年の内容

第1学年	（地震）屋内での身の守り方
第2学年	（地震・風水害）登下校時の身の守り方
第3学年	防災マップ作り，保存食
第4学年	備えについて ・危険回避のための備え ・生き抜くための備え ・家族との約束や心掛け
第5学年	（風水害）マイタイムラインの作成
第6学年	校外学習時の身の守り方

② 震災の記憶の継承的観点から「地域の復興について」

　　地域の主幹産業である稲作を体験する総合的な学習を軸としながら，活動に協力してくれる地域の方がどのような思いを持ち，復興を目指して努力してきたのか，児童に課題意識を持たせる展開を考えた。学習を進める中で，この地域の震災の記憶を継承するとともに，この地域で起こりやすい災害に対応できる力も高めていけるよう試みた。

表2 震災の記憶の継承 各学年の内容

低学年	3・11 について家族への聞き取り 教師や卒業生の体験談を聞く
第3学年	家族への聞き取り（あの時，何食べた）
第4学年	地域の復興（おらほの田んぼ）
第5学年	荒浜方面見学
第6学年	荒浜方面見学 未来の町作り

（3）実践事例

令和元年　第4学年の実践（5学級　197名）

＜実践①＞「備えよう！家族で安心」（5時間扱い）

【学習展開】

表3 「備えよう！家族で安心」学習計画

時	学習課題	学習内容
1	震災時，どのような困り事があったか。	震災時の七郷小の写真を見て，どのような困り事があったのか知る。今後の課題に繋げていく。
2	仙台市ではどのような備えをしているか。（公助）	震災前から備えていたこと，震災後備えを強化したことなど，防災アドバイザーをゲストに呼び教えてもらう。
3	私たちの地区ではどのような備えをしているのか。（共助）	仙台市で備えているものと比較しながら，地域の備えについて知る。 ＜宿題＞自分の家の備えを調べる。（自助）
4	自分の家ではどのような備えをしているのか。（自助）	宿題をもとに，家庭での備えについて話し合う。 ・危険回避のための備え ・生き抜くための備え ・日頃からの約束・心掛け
5	家庭の備えについて改善点はないか。	各家庭の家族構成に合わせて備えを見直す。

【活用した地域教材】

①　仙台市減災防災アドバイザー

② 　地域のコミュニティセンターにある備蓄庫

③ 　津波避難ビル

④ 　地区会長（仙台防災リーダー：SBL）

　以下，地域教材をどのように活用したか学習展開を示す。

地域教材①仙台市減災防災アドバイザーの活用

　災害対応力の育成として，4年生は，被害を小さくするためにあらかじめ備えることの大切さについて学習している。

　はじめに，震災時の七郷小学校の様子を写真で見せ，どのような困り事，不便な事があったのかつかませた。（写真1）図書室ではたくさんの本が書棚から落下した。特別教室にあった大きな書棚は倒れた。写真を見た児童からは，もしもそこに人がいたら大けがをしたのではないかという声があがった。2500名以上の人が避難し，仙台市内でも大規模な避難所となった本校では，支援物資が配られる度に長い列ができていた。（写真2）近隣の店は

写真1　震災時の校内の様子

写真2　支援物資を配る様子

営業できず，地域の人々は食料を手に入れることが難しい状態であった。ようやく再開した店でも，営業時間が短い上「1人3点まで」など購入に制限があったため，同様に長い列ができていたことを児童は理解した。

　次に，仙台市危機管理課の防災減災アドバイザーをゲストに招き，震災当時の仙台市の様子や，震災後に仙台市がどのような取組をしてきたか話を聞いた。アドバイザーの提示した写真から，市内のいたる所で被害があったことを児童は理解した。仙台市では宮城県沖地震を想定して学校の耐震工事や地域での備えを進めていたものの，想定を超える大きな地震と津波を体験し，公助には限界があると痛感した。現在は，行政だけに頼らず，各家庭での備えを推進している。また，多重防災によって市街地を守ろうとしており，本校の学区内にも津波避難ビルが建設されたことも分かった。アドバイザーの話を聞き，自分でも震災や備えについて調べてみようと，図書室で防災の本を借りる児童が少数ながら見られるようになった。

地域教材②地域のコミュニティセンターにある備蓄倉庫

　地域のコミュニティセンターにどのようなものが備えてあるか取材した。地域のコミュニティセンターに備蓄倉庫があることを知らなかった児童もたくさんいた。備蓄倉庫の中には，水や食料がたくさんあった。はじめのうちは，「クラッカー1000個だって。すごい。」と歓声を上げていた児童も，地域に住んでいる人の数と備蓄の量を比較してみると，それだけに頼ることはできないと気付いた。食料をもらえるとしてもほんのわずかであり，給食のおかわりを楽しみにしている児童からは「そんなのじゃあ，足りないよ。」「お腹がすく。家でもたくさん備えないとだめだ。」という声が聞かれ，自分の家の備えを見直そうと考える児童が増えてきた。

地域教材③津波避難ビル

　備蓄倉庫の設置されている場所にも注目させた。住宅密集地にあるコミュニティセンターは，建物の外に備蓄倉庫がある。それに対し，震災後，津波浸水地域に建設された津波避難ビルは，3階に備蓄品が収蔵されている。このことから，児童は，住宅密集地では取り出しやすいように建物の外に備蓄倉庫があるのに対し，津波の危険がある地域は，備蓄した物が水没しないように3階に倉庫を設置していることを理解した。また，津波避難ビルの1階

には小型のボートや杭，土嚢が収蔵されており，ビルの屋上にはロープをくくり付ける金具があることも分かった。津波浸水地域では，津波や風水害などの災害に備えていることに児童は気が付いた。

地域教材④地区会長（仙台市防災リーダー：SBL）

　仙台市では防災リーダーの研修を進めており，地区会長の中にはそれらの研修に積極的に参加し，仙台市防災リーダー（SBL）になっている方が多い。本校の地区会長には，地域の取組や地域の方の思いを話してもらった。コミュニティセンターには，震災後，防災無線が設置された。実際に学校と連絡を取る様子を見せてもらい，災害時に地域にも連絡手段があることが分かり安心できた。この地区では，心肺蘇生やAEDの使い方を学ぶ子供会行事を企画している。また，夏祭りや廃品回収の活動に参加することも地域の顔合わせの場となり，そのような活動も実は防災に結びついていることを教えてもらった。これまで習い事で子供会行事に参加できない児童も多かったが，地区会長の防災への熱い思いを聞き，来年は参加してみようと考える児童も見られるようになった。活動に参加できなくても，地域の方と挨拶することがはじめの一歩であり，防災への日頃からの心掛けのひとつと考えられるようになった。

　①〜④の地域教材を生かした学習から，地域の備えだけに頼ることはできないと感じた児童たちは，家庭の備蓄について調べることにした。家庭で調べたことを「危険回避のための備え」と「生き抜くための備え」に分けて発表し合い，友達の発表から真似したいと思ったことを自分の家族へ提案することにした。（家族防災会議）

　備えは大切だが，費用が掛かり家庭の協力も必要である。家族にお願いするだけでなく，自分でもできる日頃の心掛けや家族の約束についても話し合わせ，実践していくことにした。寝る前に，翌日の着替えやスリッパを近くに置くことや，玄関に物を置いたままにしないことなど，日頃のちょっとした心掛けが防災につながっていることを実感できた。

表4　児童が考えた家族との約束や心掛け

・災害時の家族との待ち合わせや避難場所
・災害時の家族との連絡方法
・遊びに出かける時にどこへ，誰といっしょか伝える
・寝る前に着替えやスリッパをそばに置く
・寝る場所に「落ちる」「倒れる」「移動する」ものを置かない
・玄関や部屋の戸口に荷物を置かない
・部屋の整頓をする
・決まった日に備蓄品の確認をする

<実践②>「おらほの田んぼ」　稲作体験を含む（65 時間扱い）

　「おらほ」とは，この地域の方言で「自分の所」「わたしたちの」といった意味がある。地域の主幹産業である稲作と防災教育を結び付けた 65 時間の大単元を編成した。大単元を貫く目標として，以下の2点を挙げた。

<総合・防災をすり合わせた大単元の目標>

○七郷ではどのようにして米作りをしているのか。

○七郷の人々はどのような思いで米作りをしているのか。

【学習展開】

表5　「おらほの田んぼ」学習計画

5 月	田植え体験 観察（10 月まで継続）
6 月	稲作に関する調べ学習（11 月まで継続）
7 月	※災害対応力の育成 「備えよう！家族で安心」の実践を中心に行う
9 月	GT から話を聞く活動
10 月	稲刈り体験
11 月	地域の歴史，地域の取組を知る（公助）
12 月	脱穀体験 収穫祭
1 月 2 月	発表準備 （発表原稿作成，ポスター・パンフレット・紙芝居・実演など発表内容に応じた準備）
3 月	3 年生へ向けた発表会

　さらに，令和元年度は，児童が主体的に学べるよう，以下に示す4つの地域教材を活用した展開を考えた。

【活用した地域教材】

⑤　地域の農家の方

⑥　復興ボランティアグループ

⑦　災害に関する地域の歴史

⑧　行政の取組

　以下，地域教材をどのように活用したか学習展開を示す。

地域教材⑤地域の農家の方

　本校の学区の基幹産業は，農業である。しかし，近年，地下鉄東西線の開業に伴い，宅地開発が進む地域であり，会社勤めの家庭が多く，実際には稲作体験をしたことがない児童が多い。稲作体験をする中で，この地域の農家の方ならではの思いや願いを児童に理解させたいと考えた。児童が稲作体験をさせていただいている水田にも，震災時は津波が襲来し大量のガレキが押し寄せた。

　児童にその写真を見せると，現在の様子との差に驚いた様子だった。早ければ2年ほどで農作業ができるようになった地区もあり，児童は，たくさんのガレキに覆われた水田をどのようにして復旧させたのか，またどのような人が関わり，どんな思いを持っているのかを知りたくなり，調べることにした。稲作体験の合間に自分から進んで農家の方へ質問する児童も増えてきた。また，地域の農家の方が関わる新聞記事や，地域のパンフレットなどに注目する児童も見られるようになった。

地域教材⑥復興ボランティアグループ

　ガレキ撤去にあたった復興ボランティアグループ「リルーツ」に震災当時の話を聞いた。ボランティア活動を始めた経緯や，どのようにしてガレキを撤去したか，その後，復興のためにどのような活動をしているのかを教えていただいた。社会科の「ごみのしまつと利用」の学習とも関連させ，大量のガレキをどうやって処理したのかに注目が集まった。ガレキは，種類ごとに分けて撤去し，最終的には細かいガラスなどがなくなるまでふるいにかけて，丁寧に取り除かれた。児童は，田植えの体験を思い出し，「田んぼにガラス

があったら，足をけがしてしまうからね。」と納得した様子だった。

　地域の復興状況と地域の人が求めていることに合わせて，ガレキ撤去，景観再生，収穫できるようになった野菜の販売，農業体験など，様々な活動をしていることを知り，児童は復興ボランティアの現在の取組にも関心を持ち始めた。近隣の施設で行われる「わらアート」のイベントには，この地域で収穫した稲わらが活用されていることも分かった。自分たちが収穫した後の稲わらも，今年の「わらアート」に活用していただくことを約束し，うれしそうな様子だった。実際に「わらアート」を制作することは，小学生には難しいが，自分たちも「わらアート」の制作の一端を担っているような気持ちを持つことができた。「わらアート」を見るために，たくさんの人が訪れ，地域のことを知ってもらうきっかけになっていることも理解できた。

地域教材⑦災害に関する地域の歴史

　本校の学区には約 2000 年前に津波が襲来したことが分かる沓形（くつかた）遺跡がある。また，歴史的資料から，その後も貞観地震（869 年），慶長地震（1611 年）にも津波被害を受けた地域であることが分かっている。そこで，沓形遺跡を発掘する際に剥ぎ取った地層パネルを仙台市から借用し，児童に見せることにした。水田のように粘着質な土の間に，海岸の砂のようなさらさらした砂が数 cm 堆積していることに児童は気が付いた。2000 年前の津波襲来によって砂が堆積したこと，その後，数百年，自然浄化されるまで稲作ができず，人が住まない地域になってしまったことを児童に知らせた。地域の歴史をもっと知りたくなったので，さらに詳しく調べることにした。仙台市版防災安全の副読本の年表から，869 年貞観地震・津波の記述を見つけ出した。近隣に浪分（なみわけ）神社という神社がある。「浪」は「波」を意味し，津波が襲来した際に神様がそこで波を分け，地域を救ったという伝説が残っている。また，1611 年の慶長地震・津波については，「貞山公治家記録」の一部分を知っている漢字を手掛かりにして解読することに挑戦した。被災後に伊達政宗がどのような復興策を講じたかも学習し，児童は昔の人の知恵や努力に感心していた。また，これらのことから，今後もこの地域には大きな地震や津波が来るかもしれないということを児童は強く認識することができた。

地域教材⑧行政の取組

　児童は，地域の歴史を学び，近い将来，また津波が来るかもしれないと不安を持つようになった。そこで，津波に備えて現在どのような対策がとられているのかを学ぶことにした。仙台市は震災後に海岸整備を強化している。海岸堤防の幅は以前よりも広く，強固なものになった。貞山堀も改修され，津波で流された防災林の跡地には，植樹を行っている。かさ上げ道路も新たに整備された。本校から海岸までの中間地点には津波避難ビルも新設された。近くに住んでいながら，震災後は海岸方面へ遊びに行く機会が減り，整備の様子を児童が目にすることは少ない。学習により，改めて自分たちの地区の様子を知った。津波に備えて何重にも防御の策を講じている市の取組を理解し，自分たちの住む地域が安心・安全な町へと復興していると実感できた。

　一方で，備えを過信せず，より遠くへ，高い所へ避難することの重要性も指導している。東日本大震災は「想定外の」「未曾有の」大惨事であるが，これ以上に大きな災害が起こらないという保証はどこにもない。地域の津波に対する備えをよく知らなかった児童は，家族や下学年，地域の方にも，もっと知って安心してもらい，別単元で学んだ災害への備えも広めたいと願うようになった。

　3月に発表会を開こうと準備を進めていた矢先，新型コロナウィルスの流行により，休校となってしまった。児童は大変残念がった様子だった。作成した物については，学校再開後に展示したり，新学年での学習活動につなげたりすることにした。

（4）成果と課題

　学習を通して地域の方の具体的な取組を知ることで，児童は，防災・減災の意識を高めようと尽力している方，大きな被害を受けた地域の産業を元に戻そうと努力してきた方を見習いたいと思ったり，尊敬する気持ちを持ったりするようになった。学習でお世話になった方に関する新聞記事やパンフレットを見つけて学級で紹介する児童や，もっと調べてみたいと電話インタビューを試みるグループもあり，以前の学習プログラム以上に児童が主体的

に取り組んでいると感じた。復興のために尽力してきた地域の方々の取組を知ることで，児童は自分たちの暮らす地域にほこりと愛着を持つようになった。教師が一方的に防災・減災に関する知識を教え込むよりも，地域の方から直接話を聞いたり，実物を見せてもらったりすることは，児童の意欲を喚起する効果があったと言える。また，自分の暮らす地域の良さを見つめ直す機会にもなり，復興を担う地域の方を将来の自分像のひとつとして認識することができた。これは，今年度から施行された学習指導要領の柱の１つである「学びを人生や社会に生かそうとする力の育成」にもつながるものであると考えられる。

（5）おわりに

　本校は，震災遺構となっている荒浜小学校と５年前に統合し，学区内に津波浸水地域を有する特異性から，今後も防災教育に力を入れていくことを学校方針として掲げている。本校の防災教育が効果的であったかは，学習後に児童がどのように変容したかで評価できると考えている。日常生活を防災の視点から見つめ直し，自分の身を守る行動につなげようとしたり，災害と関連付けて考えたりする児童が増えている。また，学年が上がり防災の知識が増えるにつれて，より厳しい基準で安全かどうか判断しようとしていることも感じられる。こうした防災教育を継続していくことで，将来的には地域の防災リーダーとなる素地が育まれるのではないだろうか。今後も地域の特性を生かし，本校ならではの防災教育を模索しながら進化・発展させていきたい。

謝辞：この実践を含む七郷小学校の防災教育が評価され「令和２年度１・17未来賞ぼうさい甲子園」において小学校の部・奨励賞をいただきました。

【研究同人】
　加藤孝　佐藤誠　佐々木かおり　小林弘幸　八柳香織　大谷澪

【参考文献】

文部科学省（2019）「学校安全資料『生きる力』をはぐくむ学校での安全教育」

仙台市版防災副読本「3・11 から未来へ」

宮城県考古学会（2016）「大地からの伝言―宮城の災害考古学」

仙台市博物館（2015）「土と文字が語る　仙台平野の災害の記憶―仙台平野の歴史地震と津波―」

蛯名裕一（2014）「慶長奥州地震津波と復興―400 年前にも大地震と津波があった―」

② SDGs・ESD を見据えた放射線教育を推進するための小学校教員研修の在り方

堀　道雄

（1）はじめに

　東日本大震災から 10 年経ち，学校現場における放射線教育はエネルギー，環境など持続可能な社会の構築という観点からも，今後の取扱いを検討する必要がある。現代的な諸課題に関する教科横断的な教育内容として，初等教育段階から身近な放射線を取扱うためには，指導にあたる小学校教員の資質・能力の育成やそのための研修の設定も重要な意味がある。本稿では，全国的な放射線教育の取扱いの現状と動向や放射線教育で身に付けさせたい資質・能力を整理し，今後の放射線教育の展望を示す。

（2）東日本大震災以降の放射線教育の現状と課題

　文部科学省は初等教育段階から放射線教育を行えるように平成 23 年 10 月『放射線副読本』を発行し，全国の小学校・中学校・高等学校に配布した。しかし，発行した副読本は福島第一原子力発電所事故前に検討されていた内容であり，福島第一原子力発電所事故については触れられていなかったため，この副読本の見直し作業が進められ，平成 26 年 2 月に改訂版の副読本を刊行した。その 4 年後の平成 30 年 10 月には，前回の改訂から復興に向けての状況が変化しているという理由によって，再び改訂された副読本が発行され，配布された。最新版の放射線教育副読本（小学校）では冒頭に，「まずは放射線がどういうものか，その性質についてしっかりと理解することが重要です。」とあり，放射線の性質を理解することを前提として，放射線との向き合い方を考えるよう示している。ただ，小学校の教育現場においては，放射

線の性質を理解している教員が少ないうえに，放射線副読本を使ってどのような指導を行うかといったガイドラインが示されていない。放射線の基礎的な知識や現在の福島の状況がイラストや写真で示されている図表集が文部科学省の web 上に公開されているが，この図表もどのように活用するかという説明はされていない。

　学習指導要領では，平成 20 年告示の中学校理科で 31 年ぶりに放射線の取扱いが復活することになった。第 3 学年の第 1 分野「科学技術と人間」の学習において，エネルギー資源を指導する中に「放射線の性質と利用にも触れること」と記載された。ただしこれは事故前であったので，放射線の有効利用に重点を置いた内容であった。事故後に改訂された中学校理科学習指導要領では第 3 学年に加えて，第 2 学年エネルギー分野「静電気と電流」の学習の中で，真空放電と関連付けて放射線を取り扱うことになった。また第 3 学年「科学技術と人間」の学習の中で，放射線を単に取り扱うというだけではなく，「東日本大震災以降，社会において，放射線に対する不安が生じたり，関心が高まったりする中，理科においては，放射線について科学的に理解することが重要であり，放射線に関する学習を通して，生徒たちが自ら思考し，判断する力を育成すること」と述べられているように，科学的な理解とともに，学習を通して思考力・判断力という資質・能力を育成するというところにまで触れることとなった。一方，小学校理科では現在まで発行された学習指導要領に「放射線」の語句はなく，直接的に取り扱われることはない。ただ，平成 29 年告示の小学校学習指導要領総則編において，中学校も含めたものとして巻末に現代的な諸課題に関する教科等横断的な教育内容として，「放射線に関する教育」がある。その目的として「放射線に関する科学的な理解や科学的に思考し，情報を正しく理解する力を育成する」としている。こちらも，正しく理解する力の育成が基盤として示されている。この「放射線に関する教育」では，各教科との関連が示されており，中学校では理科での取扱いがその大きな割合を示しているのに対して，小学校では理科との関連性が示されていない。放射線に関する科学的な理解が必要であるが，学習指導要領の内容において発達の段階に応じて指導するには限界があると言える。

　原子力発電所立地県である福島県では，平成 23 年の東日本大震災による

福島第一原子力発電所事故以降，福島県教育庁義務教育課により県内での喫緊の重要な放射線への影響という課題解決に向けて放射線教育推進支援事業が行われている。その中で，放射線等に関する指導資料は第1版が平成23年に発行され，第2版が平成24年に発行された。この第1版と第2版が発行された平成23年度，平成24年度では，教員研修として学力向上・教育課程等の研修会の中で暫定的に実施し，各校での伝達講習という形をとっていた。その後，継続して放射線教育指導資料第3版（平成25年度），第4版（平成26年度），第5版（平成27年度，最終版）と，県内の状況の変化に応じて内容の改訂を繰り返して発行された。この間，協力校の授業実践例の開発や研修会（指導者養成研修および地区別の研修会等）などを実施してきた。平成28年度以降も，『放射線教育・防災教育指導資料』を発行するなど現在まで放射線教育の推進を継続して行っている。また，福島県内の市町においても，須賀川市や伊達市など独自に放射線教育に関する指導資料を作成し，その普及を図っている。福島県教育センターで実施する初任者研修においても，必須の研修として放射線教育に関する研修を実施している。このように，原子力発電所の立地県である福島県では各地方公共団体の教育委員会が先導し，どの学校においても放射線教育が実施されている。福島県の放射線教育のねらいとして，「放射線等の基礎的な性質についての理解を深め，心身ともに健康で安全な生活を送るために，自ら考え，判断し，行動する力を育成する」としており，文科省と同様に基礎的な性質の理解を基盤としている。福島県教育委員会は多くの実践事例を web 上で公表しているが，その多くは放射線の性質理解を基盤として教育実践を展開している。しかし，福島県であっても専門的な知識をもつ教員が少ない小学校では，実際に授業を実施している教員は極少であること，義務教育間でも扱い方に差異が生じているなどの課題がある（岡田他，2016）。

　筆者が勤務する滋賀県では，隣接する福井県若狭地域にある原子力発電所の UPZ として高島市と長浜市の一部が含まれている。県内各地にモニタリングポストが30か所設置され，今後も継続した原子力防災への取組が必要とされている。しかし，UPZ が含まれる高島市，長浜市の両市での住民への意向調査によると，放射線を気にしていない人が72.1%，原子力災害の発

生を気にしていない人が40.4％とUPZが含まれる地域であっても意識は高くない。このことから，たとえUPZが含まれている都道府県であっても，原子力や放射線に関する問題を自分事として捉えていないことが考えられる。この地域の現状を反映して学校現場でも新学習指導要領への対応，日々の生徒指導や生活指導など目の前の子どもの対応に追われている現状もあり，教員にとっても日頃の教育実践の中で放射線やその教育に関心を持つことが難しい状況にある。

（3）ESDの視点から放射線教育で育成が期待される資質・能力

　放射線教育において児童生徒に育成が期待できる資質・能力を明らかにし，それに向けてどのような指導を行うことができるかということを考える必要がある。

　放射線教育は，東日本大震災による福島第一原子力発電所の事故との向き合い方を考えるという面から，防災教育の目標との関連性が高い。文部科学省発行の『「生きる力」を育む学校での安全教育』において，安全教育の目標として防災教育のねらいも含有する形で，次のように記載されている。「ア　様々な自然災害や事件・事故等の危険性，安全で安心な社会づくりの意義を理解し，安全な生活を実現するために必要な知識や技能を身に付けていること。（知識・技能）　イ　自らの安全の状況を適切に評価するとともに，必要な情報を収集し，安全な生活を実現するために何が必要か考え，適切に意思決定し，行動するために必要な力を身に付けていること。（思考力・判断力・表現力等）　ウ　安全に関する様々な課題に関心をもち，主体的に自他の安全な生活を実現しようとしたり，安全で安心な社会づくりに貢献しようとしたりする態度を身に付けていること。（学びに向かう力人間性等）」（文部科学省，2019）となっており，放射線教育においてもここでいう「安全」を放射線防護といった観点から，これらの目標は合致するものがある。

　学習指導要領においては，その総則編において巻末に現代的な諸課題に関する教科横断的な教育内容として，「〜に関する教育」というものを13種類挙げている。その目的は「生きる力」の育成のために，災害等による困難を乗り越え次代社会を形成することに向けた現代的な諸課題に対応して求めら

れる資質・能力を身に付けることとしている。その中の一つとして挙げられている「放射線に関する教育」は，「放射線に関する科学的な理解や科学的に思考し，情報を正しく理解する力を育成する」としている。また，福島第一原子力発電所立地県である福島県では放射線教育・防災教育指導資料のなかで放射線教育のねらいとして「放射線についての基礎的な知識を活用して，自ら考え，判断し，行動する力を育成する」とし，また放射線教育・防災教育指導資料のなかでその位置づけを「原子力災害を初め，様々な災害の現状，原因等についての理解を深め，的確な思考・判断に基づく適切な意思決定や行動ができるようにすることを目的とした防災教育，さらには喫緊の課題に取り組むための道徳教育，人権教育と関連を図った放射線教育」としている。さらに，笠（2013）は，放射線教育は放射線の基礎知識だけではなく，科学が関わる社会的問題を踏まえ，意思決定ができる能力まで求められていると述べている。これらを総じて見ると，放射線教育は放射線について科学的に正しく理解したことを基に，思考力・判断力・表現力を育成するということになる。それは，「思慮深い市民として，科学的な考えを持ち，科学に関連する諸問題に関与する能力」と定義される科学的リテラシーを育成することと相通じる。

　また，放射線教育は ESD とも関連が深い。東日本大震災を無視して日本の今後の ESD を考えることはできず，その中でも喫緊の課題となる放射線教育を環境教育との関係でと捉える必要がある。持続可能な次代の社会の創り手である児童生徒が，福島第一原子力発電所の事故に対してどのように向き合わなければならないかという課題について，自分事として捉えていくことが求められる。そのためには，ESD において求められる力を鑑みる必要があると考える。ESD で育みたい力としては，日本ユネスコ国内委員会（2014）は持続可能な開発に関する価値観（人間の尊重，多様性の尊重，非排他性，機会均等，環境の尊重等），体系的な思考力（問題や現象の背景の理解，多面的かつ総合的なものの見方），代替案の思考力（批判力），データや情報の分析能力，コミュニケーション能力，リーダーシップの向上を示している。

　以上のようなことを踏まえて，学習指導要領で述べられている資質・能力

の3つの柱（知識・技能，思考力・判断力・表現力等，学びに向かう力・人間性等）を軸にして，放射線教育で育成が期待される資質・能力について図1のように整理をした。

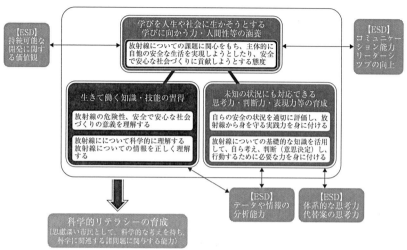

図1　放射線教育で育成が求められる資質・能力

この育成すべき資質・能力を基に今後，放射線教育を展開していくことが期待できる。

（4）SDGs に寄与する放射線教育に関わるカリキュラム・マネジメント

放射線教育で育成すべきである資質・能力を児童生徒が獲得するために，放射線教育は ESD として取り扱い，また科学的リテラシーの育成という意味から多様な学びを統合し，総合的・教科横断的にカリキュラム・マネジメントを行いながら進めていく必要がある。「国連持続可能な開発のための教育の10年（DESD）」（2005年〜2014年）終了後に後継プログラムとして「ESD に関するグローバル・アクションプラグラム（GAP）」がユネスコで採択され，また，2015年に国連では「持続可能な開発目標（SDGs）」が採択された。この ESD は SDGs の一部として認識されており，SDGs はでは，教育に取り組むだけでなく，教育の質の向上も目指している。

SDGsはその到達目標がロゴとともに示してあることで，児童生徒や教員にも分かりやすく，ESDの学習へのきっかけとして適しており，SDGsを取り入れた教育を行っている事例が数多く挙げられている。例えば，ある小学校ではカリキュラム・マネジメントの視点から「ESDカレンダー」と呼ばれる単元配列表を作成し，それを基にそれぞれの教科や単元の学習がSDGsのどの目標に寄与しているかを示す「SDGs実践計画表」を教職員が作成し，ESDの推進を行っている。

放射線教育においても，SDGsとの関連を示すことで，実際に指導を行う際にESDの視点から何に重点を置いて指導できるかということを把握できるものとなる。しかし，SDGsとの関連を示した放射線教育の実践事例は見られない。そこで，実際に，放射線副読本に挙げてある内容面，また，放射線教育で育成が期待される資質・能力面で教科等と関係があると捉えられるものを整理した（表1）。この表を見ると，放射線教育は持続可能な社会の構築に広い範囲にわたり貢献できるものであると捉えることができる。中で

表1　放射線教育に関わるSDGs実践計画表

放射線教育に関わる SDGs実践計画表（小学校）	目標4　質の高い教育をみんなに
目標3 すべての人の健康と福祉を ○生活科「学校と生活」 ○体育科(3年)「健康な生活」 ○体育科(4年)「ヒトの体のつくりと運動」 ○家庭科(5年)「食事の役割」 ○体育科(6年)「病気の予防」 ○道徳科「A節度・節制」 ○特別活動「(2)ア基本的な生活習慣」 ○特別活動(2)ウ心身ともに健康で安全な生活態度の形成」	**目標6 安全な水とトイレを世界中に** ○社会科(4年)「水の行方」 ○社会科(5年)「農業に携わる人々」 ○理科(6年)「水溶液の性質」 ○社会科(4年)「自然災害・事故災害」
目標7 エネルギーをみんなにそしてクリーンに ○理科(3年)「光の性質」 ○理科(3年)「磁石の性質」 ○理科(3年)「電気の通り道」 ○理科(4年)「電気の働き」 ○理科(5年)「電磁石の利用」 ○理科(6年)「発電と電気の利用」	**目標9 産業と技術革新の基盤をつくろう** ○社会科(5年)「わたしたちの生活と環境」 ○社会科(6年)「縄文自体の生活」(土器の年代測定)
目標10 人や国の平等をなくそう ○道徳「C公正、公平、社会正義」	**目標11 住み続けられるまちづくりを** ○社会科(5年)情報の有効な活用の大切さ ○道徳「c伝統と文化の尊重、国や郷土を愛する態度」
目標12 つくる責任つかう責任 ○生活科「動植物の飼育・栽培」 ○社会科(4年)「ゴミの行方」 ○社会科(4年)「自然災害・事故災害」 ○社会科(4年)	**目標14 海の豊かさを守ろう** ○社会科(4年)「自然災害・事故災害」 ○道徳科「c自然愛護」
目標15 陸の豊かさを守ろう ○理科(6年)「大地のつくりと変化」	**目標17 パートナーシップで目標を達成しよう** ○道徳科「B友情、信頼」 ○道徳科「B相互理解、寛容」 ○道徳科「C国際理解、国際親善」 ○道徳科「Dよりよく生きる喜び」

SUSTAINABLE DEVELOPMENT GOALS

も，理科教育との関連性が高く，改めて科学的リテラシーを一育成するために，放射線教育は一助となるということが分かる。

（5）放射線教育についての教員研修について

　各都道府県の教育センターにおいて，東日本大震災後の学校防災に関する教員研修として福島第一原子力発電所の事故に関して，科学技術を社会的文脈において捉えるための理科教育の研修が求められている（藤岡，2015）。

　福島県では，前述のように各校の放射線教育担当者が集まり，域内の放射線教育の課題等を協議する場を設けている。また，福島県教育センターにおいても，指導力向上講座として防災教育とともに，放射線教育に関する研修を設定している。福島以外の都道府県教育委員会（管下の教育研究所や教育センター）が実施している放射線教育研修は，例えば滋賀県においては，中堅教諭等資質向上研修において，放射線に関する研修を行っている例はあるものの，決して多くの都道府県で実施させているというわけではない。各都道府県において，ましてや小学校や中学校においてはあまり実施されていないのが現状である。

　ただ，都道府県の教育センターには放射線測定器等の放射線教育に必要な備品等が整備されており，貸与を行うなどの体制はできている。機材面からは実技を伴う放射線教育の教員研修を行うことはできるが，実際に行うとなると，放射線に対する科学的な知識が必要であったり，放射線教育の実践経験や知見が求められたりする。しかし，指導できる教員が少なく，とりわけ小学校においてはほとんどおらず，このような科学的な専門知識を要する研修については，大学の研究者や外部の機関との連携が必要となる。

　言うまでもなく，継続的な放射線教育の実施には，優秀な教員の育成が重要である。しかし，小学校においては理科に苦手意識を感じている教員も多く，先述の通り，放射線教育における科学的な知識を有しながら児童や他の教員に対して指導できる教員は少ない。しかし，放射線教育は ESD の観点から，また科学的リテラシーの育成という面からも，小学校段階から系統的に行っていく必要がある。小学校では，一人の学級担任が同じ児童に対して様々な教科を指導するのでカリキュラム・マネジメントの視点から，理科だ

けでなく他教科との関連性も考えながら指導を行うことができる。その小学校教員の強みを生かして，SDGsへの寄与を視野に入れて指導して進める意義が大きい。令和2年度から完全実施された新学習指導要領における「主体的・対話的・深い学び」の視点からの授業改善という命題に対しても，放射線教育は習得・活用・探究というという学びの過程の充実に応えるものとして適していると考える。

（6）まとめ

　教員研修を小学校で実施するにあたり，本稿では，教員研修をする際の課題や意義を整理した。小学校でカリキュラム上の問題点や教員における事情など，放射線教育を推進するうえでの課題は山積している。しかし，学習指導要領解説総則編にも現代的な諸課題に関する教科横断的な教育内容として取り上げられていることからも，今後 SDGs に寄与するものであり，ESD として放射線教育を実施する意義は大きい。東日本大震災から 10 年の節目を迎えた今，震災の風化を防ぐだけでなく，児童生徒の資質能力を育成する観点からも，防災教育とセットで今後どのように放射線教育を推進していくか，教員研修を含めて考えていきたい。

文献

文部科学省（2014）『小学生のための放射線副読本～放射線について学ぼう～』
文部科学省（2018）『小学生のための放射線副読本～放射線について学ぼう～』
文部科学省（2018）『中学生のための放射線副読本～放射線について学ぼう～』
清原洋一（2015）「放射線副読本の改訂と学校における放射線教育」『Isotope News』No.731，38.
文部科学省（2008）『中学校学習指導要領解説理科編』63-65.
文部科学省（2017）『中学校学習指導要領解説理科編』40-43，63-69.
文部科学省（2017）『小学校学習指導要領解説総則編』52，232-233.
福島県教育委員会（2016）『平成 27 年度放射線教育推進支援事業　放射線等に関する指導資料〔第 5 版〕』5.
福島県教育委員会（2017）『ふくしま　放射線教育・防災教育指導資料　活用版』
福島県教育委員会（2019）『ふくしま放射線教育・防災教育　実践事例集』3.

福島県教育委員会（2020）「放射線教育・防災教育関連情報について」https://
　www.pref.fukushima.lg.jp/site/edu/gimukyoiku29.html（accesed2020.07.18）

岡田努，野ケ山康弘（2016）「放射線教育における地域格差と学校教育の課題」『日
　本科学教育学会年会論文集』Vol.40，251.

文部科学省（2019）『学校安全資料「生きる力」を育む学校での安全教育』東京書籍，
　76-79.

笠潤平（2013）『原子力と理科教育―次世代の科学的リテラシーのために』岩波ブッ
　クレット，55.

藤岡達也（2015）「ポスト UNDESD（持続可能な開発のための教育の10年）に
　おける防災教育―日本型環境教育構築の一つの観点として―」『環境教育』
　VOL.24-3，40.

日本ユネスコ国内委員会（2014），「ESD（Education forSustainable Development）」
　https://www.mext.go.jp/unesco/004/1339970.htm（accesed2020.03.21）

UNESCO（2017）.Education for Sustainable Development Goals.https://unesdoc.
　unesco.org/ark:/48223/pdf0000247444（accesed2020.03.21）

日本ユネスコ国内委員会（2018）「ESD（持続可能な開発のための教育）推進の手
　引改訂版」，19.

3 理科教育に求められる自然災害に関する「資質・能力」の考察
—OECD・PISA，IEA・TIMSS に見る「自然災害」内容の出題と科学的リテラシー育成意図の分析より—

佐藤　真太郎

（1）はじめに

　東日本大震災発生後も毎年，甚大な自然災害が発生している。最近に限っても，平成 30 年 7 月豪雨，令和元年房総半島台風，令和元年東日本台風，令和 2 年 7 月豪雨は，多くの人的被害や経済的損失をもたらした（内閣府，2019）。自然災害に対する防災・減災など，安全に関する資質・能力の育成は，重要な課題の一つに位置付けられる。

　「安全に関する資質・能力」は，「知識・技能」「思考力・判断力・表現力」「学びに向かう力・人間性」の 3 つの柱で以下のように示されている。

- ・様々な自然災害や事件・事故等の危険性，安全で安心な社会づくりの意義を理解し，安全な生活を実現するために必要な知識や技能を身に付けていること（知識・技能）。
- ・自らの安全の状況を適切に評価するとともに，必要な情報を収集し，安全な生活を実現するために何が必要かを考え，適切に意思決定し，行動するために必要な力を身に付けていること（思考力・判断力・表現力）。
- ・安全に関する様々な課題に関心を持ち，主体的に自他の安全な生活を実現しようとしたり，安全で安心な社会づくりに貢献しようとしたりする態度を身に付けていること（学びに向かう力・人間性）。

（文部科学省，2019）

　平成 28 年 12 月 21 日の中央教育審議会答申「幼稚園，小学校，中学校，高等学校及び特別支援学校の学習指導要領等の改善及び必要な方策について（以後「答申」と略記）」では，子供たちが起こりうる危険を理解し，いかな

る状況下でも自らの生命を守り抜く自助とともに，自分自身が社会の中で何ができるのかを考える共助・公助の視点からの教育の充実を図ることが求められた（中央教育審議会，2016）。答申を受けて，平成 29 年に告示された学習指導要領では，理科や社会，保健体育など各教科・領域において教科横断的な視点で「安全に関する資質・能力」を育成していくことが求められている（文部科学省，2018a）。

小学校学習指導要領（平成 29 年告示）解説総則編には，現代的な諸課題に対応する資質・能力として「防災を含む安全に関する教育」について育成を目指す資質・能力に関連する各教科の内容が記載された（文部科学省，2018b）。理科では「自然の事物・現象の働きや規則性などを理解することが大切であり，そのことが自然災害に適切に対応することにつながると考える（文部科学省，2018c）」と示されている。

しかしながら，この文章だけでは，理科教育で求められている自然災害に関連した「安全に関する資質・能力」が明確に示されているとは言えない。

理科教育で育成が求められる資質・能力，目標や内容は，国際的な学力調査結果の影響を受けている。平成 20 年に告示された学習指導要領理科編には，OECD・PISA 調査の影響を受けた改訂の経緯が記載されている（文部科学省，2008）。さらに，平成 29 年に告示された学習指導要領には，「PISAの科学的リテラシー」だけでなく，「TIMSS の理科」における影響を受けた理科改訂の趣旨が記載されている（文部科学省，2018c）。

理科教育における自然災害の取扱いは，2000 年以降，PISA の「科学的リテラシー」を育成する視点が影響し，現象面を中心とした内容から，人間生活と自然災害との関連も取扱う方向になっている。特に，科学的リテラシーを中心領域に据えて実施された PISA2006 以後，平成 20 年に告示された学習指導要領では，自然災害に関連した内容が充実する（藤岡，2015；佐藤・藤岡，2020）。PISA2006 では，「科学的リテラシー」という用語を使用する理由として，「伝統的な学校理科での知識を単に再生するよりもむしろ様々な生活場面の状況に合わせて科学的知識を適用する」ことに重点を置くとされ，科学的リテラシー育成を踏まえた教育の方向性が示されている（OECD，2007）。

TIMSS の理科においても，児童・生徒に対して求めている資質・能力に変更が見られる。猿田（2010）は，1995 年に実施された TIMSS1995 からは，「問題解決，分析，科学的方法の使用，自然界への探求」といった行動目標へ，そして，2007 年に実施された TIMSS2007 では，「知ること，応用すること，推論すること」という思考操作に基づいて，「情報を解釈する」，「科学的説明をする」，「証拠から結論を導くための推論をする」という PISA の科学的リテラシーに通じる方向性へ転換していることを明らかにしている。

　したがって，理科教育において，自然災害に関連した「安全に関する資質・能力」の形成に貢献できる可能性は，「自然の事物・現象の働きや規則性などを理解する」だけに留まらないことが推測できる。

　これらの背景から，本章では，「PISA の科学的リテラシー」と「TIMSS の理科」で「自然災害」に関連して出題された調査問題から，理科教育における自然災害に関連した資質・能力を整理し，「安全に関する資質・能力」との対応関係を明らかにすることを目的とする。

（2）研究の方法

　はじめに「PISA の科学的リテラシー」と「TIMSS の理科」の両方の観点から求められる，理科教育における自然災害に関連した資質・能力を検討する。そのために，OECD・PISA と IEA・TIMSS における「自然災害」に関連した調査問題に着目した。

　PISA2006 と PISA2015 は，「科学的リテラシー」が中心分野とされた。そのため，調査問題には PISA の科学的リテラシーの観点から要求される資質・能力が表出されていると考えた。また，TIMSS は理科の教育到達度を国際的な尺度から測定している（日本理科教育学会，2012）。したがって，TIMSS の理科からは，国際的な枠組みの中で，理科教育で求められる自然災害に関連した資質・能力を見いだすことができると考えた。

　本研究は，次の手順で分析を進めた。

　まず，「科学的リテラシー」を中心領域に据えて実施された PISA2015 の「自然災害」に関連した「調査問題」を抽出し（予備調査問題も含む），問題解決のために求められている資質・能力を検討した。PISA2006 の公開され

ている問題には，「自然災害」に関連した問題は見られなかったため，検討できなかった。

　次に，PISA の科学的リテラシーに通じる方向性へ転換された TIMSS2007と，それ以降に実施された TIMSS2011 の理科問題から「自然災害」に関連した問題を抽出し，自然災害に関連した問題を解決するための資質・能力を検討した。尚，求められる資質・能力に対する経年的な課題を考慮する観点から，「正答率」も分析の対象に入れた。

　「自然災害」の定義は，国立研究開発法人防災科学技術研究所（2013）の内容を参考にし，「広域の気象・水象・地象現象，局地的な地学的気象条件ならびに地域の人間・社会の諸要因が相互に関係しあって発生する複合的な現象」とし，これに当てはまる自然災害に関連した問題を分析の対象とした。

（3）OECD・PISA に見る「自然災害」に関する資質・能力

　予備調査問題（OECD，2015）に「火山噴火」という問題がある。この問題は4つの問題で構成され，問1と問3と問4が公開されている。

　問1は，世界地図上に地震の発生地点とリングオブファイアーが示されており，その地図を基にして「火山活動または地震が最も起こりにくいと考えられる場所を選択せよ」という問題である。選択肢は，ロシア連邦東部，エクアドル・ペルー周辺，カナダ東部，北部ヨーロッパの4つである。生徒は，この地図に示されている情報を基に判断して「北部ヨーロッパ」を選択することが求められる。

　問3は，横軸に年（西暦），縦軸に大規模な火山噴火が発生した際の，地表面に到達する放射線量を示したグラフが示されており，それを基にして，地表面に到達する放射線量の割合が，火山噴火後に変化する理由について記述する問題である。ここでは，火山噴火による噴出物が太陽からの放射線を反射・吸収することを示すような説明が求められている（図1）。

　問4は，科学者たちが1960年以来計測してきた大気中の二酸化炭素濃度のグラフと，大気中の二酸化炭素の増減に関する関連要因とその比率を示した表が示されている。この表から，火山噴火が大気中の二酸化炭素濃度にどのような作用を及ぼすのかを読み取り，4つの選択肢の中から選択する問題

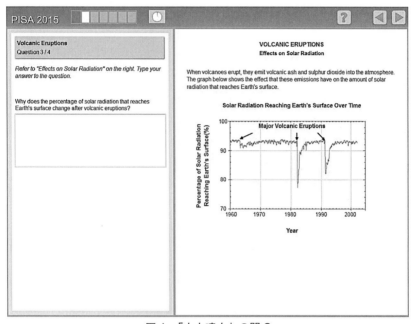

図1 「火山噴火」の問3
(「データと証拠を科学的に解釈する能力」が求められた問題)
出典：OECD（2015）

である。選択肢は，「1. たくさんの噴火があるので影響は大きいと言える」
「2. 一つ一つの噴火で大量の物質が放出されるため，影響は大きいと言える」
「3. 火山から出る二酸化炭素量は他の排出源からの量と比較し，少ないため，
影響は小さい」「4. 噴火の最中，大気中の二酸化炭素濃度は減少するので，
影響は小さい」である。

　OECD（2015）によれば，これらを解決するための科学的能力は「データ
と証拠を科学的に解釈する能力」とされる。知識については，問1と問4は，
問題を解決するための手順について理解することが要求されている。問3は，
「地球と宇宙のシステム」についての知識が要求されている。問題の内容から，
火山噴火などの自然現象に関わる2つ以上の情報を基にして，それらを関連
付けて考える力が求められている。

　PISA2015の予備調査問題の中に「地下水汲み上げと地震」という問題が

ある。4つの問題で構成され，4問全てが公開されている。

　問1は，地殻についての説明及び地殻とプレートや断層と地震との関連についての説明が書かれており，断層に沿ったプレートの動きの例がイラストで示されている。その資料を基にして「断層には自然に圧力がかかっていく。これはなぜ起こるのだろうか」という問題に対して記述式で答えるものである。正答例によると，生徒は，プレートが動くため，圧力が大きくなっていくことなどを示したり，岩や地面が異なる方向へ動き，断層のズレのところで止まるということを示したりすることが求められている。

　問2は「地図には，ある範囲の近くの圧力の程度が示されている。この範囲内の4地点をA，B，C，Dで表す。どの地点も範囲内にある断層の上または近くとなっている。地震の起こりやすさの順に並べよ」という問題である。圧力の程度と地震との関連について考察し，答えを導き出すことが求められている。

　問3は「スペインのロルカは，しばしば地震による被害を経験している地域である。2011年5月，ロルカで地震が発生した。地質学者は，該当地域における以前の地震とは異なり，地下水の汲み上げに代表される人間の活動によって引き起こされた地震だと確信した。地質学者の仮説によれば，地下から水を採取する活動は，近接する断層への圧力に影響を与えており，地震を発生させる引き金となっている。これらの内容に関して，地質学者の仮説を裏付ける観測結果は何かを4つの選択肢から選択しなさい」というものである。4つの選択肢は「1. その地震は，ロルカから何キロメートルも離れた地点で感じられた」「2. 汲み上げ作業により，最大の圧力が発生する地点では，断層に沿った大地の動きが最大であった」「3. ロルカでは，2011年5月の地震よりもマグニチュードの大きい地震を観測したことがある」「4. この地震のあと，ロルカの周辺地域では，小規模な地震がいくつか続いた」である。「地下水の汲み上げ作業」という人間の活動と「地震」という自然現象を結び付けて考えることが求められている。

　問4は「ロルカから遠く離れた地域の町に住む学生が，2011年のロルカ地震に関する地質学者の仮説を学んでいる。この学生は，自分の住む区域で地下水の汲み上げが行われ，その水位が下がっていることを知る。彼は，自

分の町での地震の可能性を考え心配に思う。地下水の汲み上げが，彼の町で地震を引き起こす危険性を計るためには，彼は次の内，どの問題に取り組むべきだろうか」という問題である。選択肢は「1. この地域の近くには断層があるか」「2. この地域の地殻は，自然に圧力を受けているか（人為的でないか）」「3. この地域で汲み上げられた地下水は，汚染されているか」「4. この地域の日中の平均気温は何度か」である。問題を解決するための方法を答えることが求められている。

　問1，問3，問4を解決するために必要な科学的能力は「現象を科学的に説明する能力」とされている。また，必要な知識は「地球と宇宙のシステム」とされる。問2は，「火山噴火」と同様に「データと証拠を科学的に解釈する能力」が求められているとされる。知識については，問題を解決するための手順について理解することが要求されている。

　問題の内容から，問1は，「地殻」「プレート」「断層」「地震」など，理科で学習する言葉を用いて，自然の事物・現象について正しく説明することができる能力が求められていると考えられる。問2は，問題を解決するための手順を理解し，自然現象に関わる複数の情報を関連付けて考える力が要求されている。一方，問3と問4は，地殻の圧力と地震との関連性及び断層の動きと地震との関係など，いくつかの知識を基にして，判断する力が要求されている。

　予備調査問題（OECD，2015）から捉えられる自然災害に関連した資質・能力と「安全に関する資質・能力」を対応させたものが表1である。

　PISA2015の「科学的リテラシー」における「理科で学習する言葉を用いて，自然の事物・現象について正しく説明することができる能力」の内，「理科で学習する言葉を用いて」は，「安全に関する資質・能力」の「安全な生活を実現するために必要な知識や技能を身に付けていること（知識・技能）」と対応する。また，「自然の事物・現象について正しく説明することができる能力」は，「安全に関する資質・能力」の「自らの安全の状況を適切に評価するとともに（思考力・判断力・表現力）」と対応する。

　PISA2015の「科学的リテラシー」における「火山噴火や地震などの自然現象に関わる複数の情報を関連付けて考える力」は，「安全に関する資質・

能力」の「必要な情報を収集し，（思考力・判断力・表現力）」の箇所と対応する。

表1　「安全に関する資質・能力」と「PISA2015の科学的リテラシー」の対応表

安全に関する資質・能力	PISA2015の「科学的リテラシー」
様々な自然災害や事件・事故等の危険性，安全で安心な社会づくりの意義を理解し，①安全な生活を実現するために必要な知識や技能を身に付けていること（知識・技能）」	①理科で学習する言葉を用いて，②自然の事物・現象について正しく説明することができる能力
②④自らの安全の状況を適切に評価するとともに，③必要な情報を収集し，⑤安全な生活を実現するために何が必要かを考え，適切に意思決定し，行動するために必要な力を身に付けていること（思考力・判断力・表現力）	③火山噴火や地震などの自然現象に関わる2つ以上の情報を基にして，それらを関連付けて考える力 ④人間生活と自然災害を関連付けた状況設定の中で，⑤いくつかの知識を基にして，判断する力

※対応する資質・能力どうしの文脈には，下線を引き，①や②など，同じ文脈どうしで番号を記して区別した。筆者が作成。

　PISA2015の「科学的リテラシー」における「人間生活と自然災害を関連付けた状況設定の中で，いくつかの知識を基にして，判断する力」の内，「人間生活と自然災害を関連付けた状況設定の中で」は，「安全に関する資質・能力」の「自らの安全の状況を適切に評価するとともに（思考力・判断力・表現力）」と対応する。また，「いくつかの知識を基にして，判断する力」は，「安全に関する資質・能力」の内，「安全な生活を実現するために何が必要かを考え，適切に意思決定し，行動するために必要な力を身に付けていること（思考力・判断力・表現力）」と対応する。

（4）IEA・TIMSSに見る「自然災害」に関する資質・能力

　TIMSS2007の小学校4年生を対象とする問題には，「自然災害」に関連性のある問題は見られない。中学校2年生を対象とした問題に，「ある田園地域には多くの木があります。この地域に住む人々が，木を切って木材にすることにしました。このような決定が，環境に与える長期的な影響を1つあげ

てください」という問題がある。その中で「頻繁に洪水が起こる」など「災害」に関連した解答も求めることができる。他にも、「木を植えると、なぜ土壌侵食を減らすことができるのか」について記述させる問題がある。「災害」との関連を考えると「木の根は土を固定する強度があるため、大洪水の際には根が土を押さえ、土壌の侵食を防ぐことができる」という解答が推察される。これらは、土砂災害の防止、洪水の緩和機能などに関する知識が求められている。前述の問題の日本の正答率は67.1%、国際平均値は57.5%である。後述の問題の日本の正答率は47.4%、国際平均値は30.6%である。いずれも国際平均値よりも高い値を示す（国立教育政策研究所、2009）。

　河川に関連した問題は、TIMSS1995で初めて出題された。河川の近くで農業を営むのに有利な点と不利な点について記述することが求められる問題である（国立教育政策研究所、1998）。これについて藤岡（1999）は、日本の小学校3、4年生の有利な点の記述についての正答率、60%、75%に比べ、不利な点の記述については、正答率が8%、12%と極端に低くなっており、特に洪水があると答えたのは、3%、5%に過ぎず、水害に対する意識が非常に低いことと、日本では戦後の大規模な河川改修や、水の働きに比べ堆積物の取扱いはほとんどなかったことから、水害に対する意識が少なかったことを指摘している。TIMSS2011の小学校4年生に出題された問題にも、川のそばで農業を行うことの長所と短所を記述する問題がある。長所についての日本の正答率は32.6%、短所についての正答率は25.9%、国際平均値は、長所については、41.9%、短所については、33.7%である。長所、短所の記述共に、国際平均値を下回っている。この問題では「短所」について記述する内容は、河川の氾濫や洪水などの解答が求められる（国立教育政策研究所編著、2013）。

　河川環境を踏まえ、人間生活との関りとして「水害」を関連付ける内容の問題が16年後にも出題されているが、正答率を見ると依然低い値を示し、TIMSS1995、TIMSS2011の実施段階では、自然の恩恵と災害といった二面性に対する理解が十分とは言えない現状にある。河川に関して水害の意識に向上が見られないことは、教育内容・方法等が改善されていないことの示唆となるが、本稿の趣旨とは異なるので、ここでは指摘だけに止めておく。

　TIMSS2011 では，他に，自然だけが原因で起こる土地の変化はどれかを問う問題が，小学校4年生と中学校2年生を対象とした両方の問題に見られる。小学校4年生を対象とした問題の選択肢は「①農業によって，土にふくまれている養分がうしなわれる」「②木を切ることによって，砂ばくができる」「③ダムのけんせつによって，こう水が起こる」「④はげしい雨によって，土にふくまれている養分がおし流される」である。日本の正答率は55.3%であり，国際平均値の38.8%を上回る結果となった。中学校2年生を対象とした問題の選択肢は「①殺虫剤による栄養劣化」「②木の伐採による砂漠の形成」「③ダムの建設による洪水」「④大雨による栄養素流出」である。日本の正答率は80.4%であり，国際平均値の55.2%を上回る結果となった。ここでは，土地の変化における理由について，人為的な要因と自然要因とを分けて考えることが求められている。ダムの崩壊と水害に関連した類似の問題が，TIMSS1999 で出題されている（国立教育政策研究所編著，2013）。これらは，環境保全に関わる知識としてまとめられる。

　その他，TIMSS2011 で中学校2年生を対象とした問題に「火山の噴火が環境にどのような影響を与えることがあるか」を記述させる問題がある。日本の正答率は63%であり，国際平均値の47.8%を上回る。また，活火山が見つかる可能性が高い場所について，4つの選択肢から選ばせる問題がある。選択肢は「①川の源流」「②プレートとプレートが交わるところ」「③海の最も深いところ」「④陸と水が交わるところ」である。日本の正答率は69.3%で，国際平均値の65.4%よりも高い値を示す。これも，「活火山」や「プレート」など，2つ以上の言葉を関係付けて，自然の事物・現象について正しく説明することができる能力が求められていると考えられ，PISA における「現象を科学的に説明する能力」とも類似した能力が求められている（国立教育政策研究所編著，2013）。

　TIMSS2015 では，小学校4年生を対象に出題された問題に「災害」に関連した問題は見られない。TIMSS2015 の中学校2年生を対象とした問題には，「地震の原因となっているのは何でしょうか」という問いに記述式で答えさせる問題がある。日本の正答率は58.4%であり，国際平均値は48.6%である。地震発生率が高い日本において，この正答率は大きな課題と言えるだ

ろう（国立教育政策研究所編著，2017）。

　表2は，TIMSS2007とTIMSS2011で出題された自然災害に関連した問題を解答するために求められる資質・能力を「安全に関する資質・能力」と対応させたものである。

表2　「安全に関する資質・能力」と「TIMSSの理科」の対応表

年度	対象	問題	解答するために求められる自然災害に関連した資質・能力	安全に関する資質・能力
2007	中学校	ある田園地域には多くの木があります。この地域に住む人々が，木を切って木材にすることにしました。このような決定が，環境に与える長期的な影響を1つあげてください。	①土砂災害の防止，洪水の緩和機能に対する知識 ・降雨の河川流出までの時間を遅らせる ・降雨時の川の流量ピークを遅らせるなど ・大洪水の際には，根が土を押さえる	①様々な自然災害の危険性，安全で安心な社会づくりの意義を理解し，安全な生活を実現するために必要な知識や技能を身に付けていること（知識・技能）
		木を植えると，なぜ土壌侵食を減らすことができるのでしょうか。		
2011	小学生	川のそばで農業を行うことの長所と短所を書きましょう。	②河川の氾濫や洪水など，水害に対する意識	②自らの安全の状況を適切に評価する（思考力・判断力・表現力）
		自然だけがげんいんで起こる土地の変化はどれでしょうか。	③環境保全のための知識 ・土地の変化における理由について，人為的な要因と自然要因とを分けて考えられる知識	③安全で安心な社会づくりの意義を理解し，安全な生活を実現するために必要な知識や技能を身に付けている（知識・技能）
	中学生	次の土の変化のうち，自然のみが原因で起こるものはどれでしょうか。		
		火山の噴火が環境にどのような影響を与えることがあるか，1つあげてください。	④2つ以上の言葉を関係付けて，自然の事物・現象について正しく説明することができる力	④必要な情報を収集し，安全な生活を実現するために何が必要かを考え（思考力・判断力・表現力）

※対応する資質・能力どうしの文脈には，下線を引き，①や②など，同じ文脈どうしで番号を記して区別した。筆者が作成。

土砂災害の防止や洪水の緩和機能に対する知識などは，「安全に関する資質・能力」の内，「様々な自然災害の危険性，安全で安心な社会づくりの意義を理解し，安全な生活を実現するために必要な知識や技能を身に付けていること（知識・技能）」と対応する。「河川の氾濫や洪水など，水害に対する意識」は，「安全に関する資質・能力」の内，「自らの安全の状況を適切に評価する（思考力・判断力・表現力）」と対応する。「環境保全のための知識」は，「安全に関する資質・能力」の内，「安全で安心な社会づくりの意義を理解し，安全な生活を実現するために必要な知識や技能を身に付けている（知識・技能）」と対応する。「2つ以上の言葉を関係付けて，自然の事物・現象について正しく説明することができる力」は，「安全に関する資質・能力」の「必要な情報を収集し，安全な生活を実現するために何が必要かを考え（思考力・判断力・表現力）」と対応する。

　また，TIMSS2011の一部の問題と，TIMSS2015では，災害を引き起こす原因となる自然現象やその発生メカニズムなどを記述する，「知識・技能」や「体系的な思考力」が求められる内容が出題されている（国立教育政策研究所編著，2013・国立教育政策研究所編著，2017）。

（5）考察とまとめ

　本章では，PISA2015とTIMSS2007とTIMSS2011の調査問題から，理科教育における自然災害に関連した資質・能力を整理し，「安全に関する資質・能力」との対応関係を明らかにした。

　その結果，以下のことが示された。

　予備調査問題（OECD，2015）からは，身に付けていることが求められる自然災害に関連した資質・能力として，以下の3つが検討できる。

① 火山噴火や地震などの自然現象に関わる2つ以上の情報を基にして，それらを関連付けて考える力

② 理科で学習する言葉を用いて，自然の事物・現象について正しく説明することができる能力

③ 人間生活と自然災害を関連付けた状況設定の中で，いくつかの知識を基にして，判断する力

これらの資質・能力は,「安全に関する資質・能力」の内,「知識・技能」と「思考力・判断力・表現力」の文脈と一致する。

　TIMSS2007, TIMSS2011 の理科問題からは,育成することが求められている自然災害に関連した資質・能力として,以下の4つが検討できる。

① 　土砂災害や洪水の緩和機能に対する知識

② 　河川の氾濫や洪水など,水害に対する意識

③ 　環境保全のための知識

④ 　2つ以上の言葉を関係付けて,自然の事物・現象について正しく説明することができる力

　これらの資質・能力においても,「適切に意思決定し,行動するために必要な力(思考力・判断力・表現力)」以外の文脈は一致する。

　したがって,理科教育における,科学的リテラシー育成を踏まえた自然災害に関連して求められる資質・能力と自然災害に関連した「安全に関する資質・能力」は,相似である。科学的リテラシーの育成を踏まえた理科教育における自然災害に関連した学習を充実させることにより,自然災害に関連した「安全に関する資質・能力」の内,「知識・技能」と「思考力・判断力・表現力」を育成することが可能であると言える。

　但し,本稿で分析のために扱うことができた資料は限られている。今後,公開が予定される OECD・PISA や IEA・TIMSS などの国際比較調査から得られる情報を重ね,さらに正確な分析を行う必要がある。

(6) 今後の課題

　本章では,災害安全に関わる「安全に関する資質・能力」の明確化のために,OECD・PISA や IEA・TIMSS といった国際比較調査問題から,理科教育における自然災害に関連した資質・能力について検討した。

　しかしながら,学校教育における防災教育の総合化・体系化が求められる(藤岡,2020)中,「安全に関する資質・能力」をより明確にするためには,理科教育だけではなく,学校教育全体で,自然災害に関連した教科・領域で育成が求められる資質・能力どうしの関係性を整理する必要がある。さらには,国際的な動向を踏まえると,自然災害に対する防災教育は,持続可能

な開発のための教育（Education for Sustainable Development：以下，ESD
と略記）としても捉えられる（佐藤・藤岡，2020）。ESD については，中澤・
田渕（2014）が，ESD で育てたい価値観と能力について整理しているが，
このような学際的な資質・能力と，安全に関する資質・能力との関係性も，
今後整理することが必要になるだろう。

文献

藤岡達也（1999）「理科教材としての河川に関する諸問題の考察—洪水・水害と河川堆積物を中心として—」『理科教育学研究』第 40 巻，第 2 号，1-9.

藤岡達也（2015）「ポスト UNDESD（国連持続可能な開発のための教育の 10 年）における防災教育」『環境教育』第 24 巻，第 3 号，40-47.

藤岡達也（2020）「近年の自然災害に関する学校防災・危機管理の動向」『近年の自然災害と学校防災 I』協同出版，26.

国立研究開発法人防災科学技術研究所（2013）「防災科学テキスト—自然災害の発生機構・危険予測・防災対応—（改訂版）」1.
Retrieved from http://dil.bosai.go.jp/workshop/pdf/bosaikagaku-text-new.pdf（accessed 2020，8，15）

国立教育政策研究所（1998）「小学校の算数教育・理科教育の国際比較—第 3 回国際数学・理科教育調査最終報告書」『国立教育研究所紀要』No128，1-316.

国立教育政策研究所（2009）「TIMSS2007 理科教育の国際比較—国際数学・理科教育動向調査の 2007 年調査報告書—」Retrieved from http://www.nier.go.jp/timss/2007/report_sci.pdf（accessed 2020，8，13）

国立教育政策研究所編著（2013）「TIMSS2011 理科教育の国際比較－国際数学・理科教育動向調査の 2011 年調査報告書」明石書店，3-305.

国立教育政策研究所編著（2017）「TIMSS2015 理科教育の国際比較—国際数学・理科教育動向調査の 2015 年調査報告書」明石書店，19-305，5-404.

文部科学省（2008）『小学校学習指導要領解説理科編』大日本図書，1-86.

文部科学省（2018a）『小学校学習指導要領』東洋館出版社 1-326.

文部科学省（2018b）『小学校学習指導要領（平成 29 年告示）解説総則編』東洋館出版社，1-263.

文部科学省（2018c）『小学校学習指導要領（平成 29 年告示）解説理科編』東洋館出版社，1-167.

文部科学省（2019）「学校における防災教育の推進」『初等教育資料』No.981，2-7.

OECD（2015）：PISA2015 RELEASED FIELD TRIAL COGNITIVE ITEMS.
Retrieved from https://www.oecd.org/pisa/test/PISA2015-Released-FT-Cognitive-Items.pdf（accessed 2020，8，30）

OECD，国立教育政策研究所監訳（2007）「PISA2006年調査評価の枠組み」ぎょうせい，19-21.

内閣府（2019）『防災白書（令和元年版）』1-265.

中澤静男・田渕五十生（2014）「ESDで育てたい価値観と能力」『教育実践開発研究センター研究紀要』第23巻，65-73.

日本理科教育学会（2012）『今こそ理科の学力を問う：新しい学力を育成する視点』東洋館出版社，1-305.

佐藤真太郎・藤岡達也（2020）「近年の理科教育における自然災害の取扱いの現状と課題―平成に発生した自然災害と学習指導要領改訂等から捉えた理科教育への影響―」『理科教育学研究』第60巻，第3号，569-577.

中央教育審議会（2016）「幼稚園，小学校，中学校，高等学校及び特別支援学校の学習指導要領等の改善及び必要な方策等について（答申）」，42.

猿田祐嗣（2010）「TIMSS理科の論述型式問題に対する解答に見る日本の児童・生徒の特徴（13）―TIMSSの調査枠組みから見た学力の捉え方の変遷について―」『日本科学教育学会研究会研究報告』第25巻，2号，39-42.

4　火山防災教育の内容構成に関する検討

山縣　耕太郎

（1）はじめに

　日本には最近 1 万年間に噴火を行なった活火山が 111 存在する（気象庁，2015）。世界に存在する陸上の活火山の総数が約 1000 といわれているので，日本にはその約 1 割弱が存在することになる。これらの火山の何れかが，毎年のように噴火をしている（表 1）。また，日本は，国土の 30％以上の地域

表 1　最近 10 年間（2011-2020 年）に発生した噴火

噴火年	火山名	噴火事象；被害
2011	霧島新燃岳	噴煙，降灰，噴石；火口付近の施設，車両の破損
2011	桜島	噴煙，降灰，噴石，小規模火砕流
2013 〜	西の島新島	噴煙，溶岩流出，マグマ水蒸気爆発
2013	諏訪之瀬島	噴煙，降灰，噴石
2014	御嶽山	水蒸気噴火，低温火砕流，降灰，噴石；投出岩塊による死者 57 名，行方不明 6 名，負傷者 69 名，施設破損
2014-2015	口永良部島	噴煙，降灰，噴石，低温火砕流
2014-2016	阿蘇山	噴煙，降灰，噴石
2015	浅間山	噴煙，降灰
2015	箱根山	噴煙，降灰
2016	新潟焼山	噴煙，降灰
2017-2018	霧島新燃岳	噴煙，降灰，溶岩流出
2018	草津白根山	噴煙，降灰，噴石；死者 1 名，負傷者 11 名
2018	霧島硫黄山	噴煙，降灰，熱泥噴出
2019	浅間山	噴煙，降灰

気象庁および地質調査総合センターの資料から作成

が火山噴出物に覆われ，多くの人口が火山噴火災害のリスクを抱えているといえる。すなわち，日本は世界の中で，もっとも火山と人間が密接なかかわりをもってきた地域と言えるだろう。しかしながら，噴火災害の際に，それぞれの地域で繰り返される混乱の様子や，そのたびに現れる流言蜚語，無謀な危険地帯への侵入行為などをみると，日本人が火山噴火災害のことを十分に理解しているのか疑問が持たれる。

　そうしたなか，2014年9月に御嶽山で噴火が発生した。当時は，紅葉シーズンであったため，多くの登山客が火口付近に居合わせたことで，この噴火は，58名の犠牲者が出る戦後最悪の火山災害となった。この噴火災害を踏まえて，火山防災対策の一層の推進を図るため，火山防災対策推進ワーキンググループが，中央防災会議防災対策実行会議の下に設置された。このワーキンググループでは，火山防災対策に関する様々な課題が見いだされ，2015年12月には「御嶽山噴火を踏まえた今後の火山防災対策の推進について（報告）」（内閣府，2015）がまとめられた。その中では，関係諸機関などが取り組むべき事項について，6項目の提言が行われている。そのうちの一つが「火山防災教育や火山に関する知識の普及」であった。報告では，現在の火山周辺で実施されている防災教育を引き続き支援し，全国の学校へ普及を広げること，国や地方公共団体が，火山防災に関する学校教育について積極的に支援すべきことが示されている。

　しかしながら，その後も火山防災教育への取り組みは必ずしも十分に行われているとは言えないようで，火山災害に関する教育が十分でないことや系統性をかいているという指摘が行われている（永田・木村，2016；川路・藤岡，2018；田口・小森，2020）。

　火山防災対策推進ワーキンググループの提言においても，火山災害を含む自然災害に関する防災教育は，各教科等の特質に応じて学校の教育活動全体を通じて適切に行うこととされている。しかし，各教科等が防災教育で果たすべき役割や，相互の関係性，重点的に指導すべき事項などが，学習指導要領上で系統的に整理されておらず，学校現場における防災教育が必ずしも効果的に実施されているとは言えない状況であることが指摘されている。

　したがって，火山防災教育における各教科の役割を整理し，系統的な防災

教育の内容構成を検討する必要がある。その際，防災教育の目指すところである，実際に災害に直面したときに適切な判断を行う力を育成することについても考慮するべきであろう。本稿では，災害時における判断力を育成するための火山防災教育に必要とされる内容構成について検討を行う。

（2）火山噴火の特徴と火山災害

　表2には，17世紀以降における主な火山災害の発生年を火山ごとにまとめた。これを見てもわかるように，浅間山，霧島山，櫻島など，頻繁に噴火を繰り返す火山を除くと，多くの火山が最近400年に1回か2回程度しか災害を起こしていない。火山噴火の危険を認識することが困難である理由の一つとして，このように同一の火山における噴火の間隔が数十年から数百年に一度と長い場合が多く，他の災害に比べて発生の頻度が低いことがあげられる。したがって火山国に暮らしながら，一生のうちに一度も火山噴火を経験しない日本人が大多数を占める。このため地震や気象災害などとは異なり，実際の火山噴火を児童生徒がイメージすることは難しい。

　また，他の災害と比べた時の火山災害の特徴は，災害を引き起こす噴火現象そのものが多様であることである（図1）。小規模な水蒸気爆発から破局

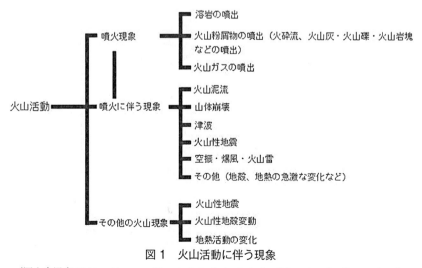

図1　火山活動に伴う現象

（国土交通省：https://www.mlit.go.jp/mizukokudo/sabo/link_volcanic_disaster.html）

的な大規模噴火, ゆっくりとした溶岩流の流出から高速の火砕流の噴出など, 噴火の規模や様式はさまざまである。こうした複数の異なる現象が, 一連の噴火の中で複合して起こることも多くある。それぞれの噴火現象によって引き起こされる被害も異なってくる。さらには, 火山からの距離によって, 現れる現象とその影響が変化する (図2)。

水蒸気爆発などで火口から放出される岩塊は, 火口近傍で人的被害や施設の破壊を引き起こす。溶岩流は, 到達範囲を壊滅させるが, 流下速度が小さいため, 人的被害の危険性は低い。一方, 高速で流下する高温の火砕流は, 極めて破壊的な現象となる。しかし, 小規模の火砕流は, その影響範囲が谷沿いに限られる。

さらに上空の風によって拡散する火山灰による影響は, 極めて広い範囲に及ぶ可能性があり, その影響も多様である。そこには, 火山灰への曝露による直接的および間接的な健康への被害や, 建物, 交通, 輸送, 電力, 通信, 上下水への影響が含まれる。さらには, 火山灰が厚く堆積したところでは農業, 牧畜, 林業, 漁業などの一次産業への影響が深刻となる。また, 大規模

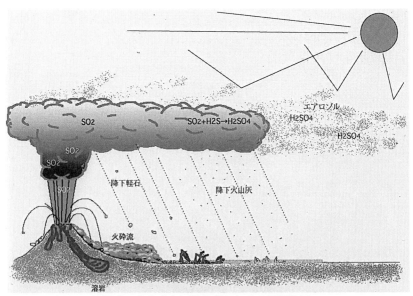

図2　火山噴火に伴う現象とその影響範囲

表 2　日本における 17 世紀以降の主な火山災害

火山名	噴火年（死者数）
大雪山	1958（2），1961（2）
十勝岳	1926（116），1962（5）
有珠山	1663（5），1769，1822（203），1910（1），1944（1），1977（3），2000
北海道駒ヶ岳	1640（≧ 700），1929（2）
恵山	1764（多数），1846（多数）
渡島大島	1741（1467）
八甲田山	1997（3）
鳥海山	1659，1740，1801（8），1834
蔵王山	1867（3），1895
吾妻山	1893（2）
安達太良山	1900（72），1997（4）
磐梯山	1888（461）
草津白根山	1897，1902，1932（2），1942，1971（6），1976（3）
浅間山	1648，1721（15），1783（1151），1803，1911（1），1913（1），1920，1928，1930（6），1931，1936（1），1938（若干），1941（1），1949，1950（1），1961（1），2004
新潟焼山	1974（3）
弥陀ヶ原	1967（2）
焼岳	1915，1962（4）
御嶽山	1979，2014（63）
富士山	1707（多数）
箱根山	1933（1）
伊豆大島	1684-1690，1957（1）
三宅島	1643，1712，1874，1940，1962，1983
青ヶ島	1783（7），1785（140）
明神礁	1952（31）
伊豆鳥島	1902（125）
阿蘇山	1772-1780，1815，1816（1），1828，1854（3），1872（数名），1932，1940，1958（12），1965，1979（3），1997
雲仙岳	1664（30），1791（2），1792（15,000），1991-1993（43）
霧島山	1637-1638，1716（5），1895（4），1896（1），1900（2），1923（1），1959，2011
桜島	1779（150），1781（15），1914（59），1946（1），1955（1），1964，1973（2），1974（7），1986）
口永良部島	1841（多数），1931，1933-1934，1966
硫黄鳥島	1664（あり）

気象庁（2015），日本活火山総覧（第 4 版）より作成

な噴火の場合には，大気中に注入された大量の火山ガスが化学変化して微細なエアロゾルを生成し，それが太陽からの放射を遮り，気温を長期にわたって低下させることがある。1991 年にフィリピンのピナツボ山が噴火した際には，エアロゾル粒子が世界中に拡散し，ほぼ 2 年間，気温の低下が観測されている。

　このように，火山噴火現象は，多様で複雑である。このため，次の噴火でどのような現象が生じるのかを予測することは難しい。一方で，それぞれの火山には特性があり，その火山で特徴的な噴火様式があることが多い。そうした火山の特性を専門家の協力を得て，あらかじめ認知しておくことが重要である。

（3）火山噴火に対する認知の重要性

　このように火山災害を正しく理解することは難しい。しかし，火山近傍に暮らす住民が火山災害を正しく理解していない場合，大きな被害を生じる場合がある。1985 年に南米コロンビアのネバドデルルイス火山で発生した噴火では，2 万人を超える歴史上最大規模の犠牲者を生じた。この噴火では小規模火砕流が噴出し，標高 5,399m の山頂付近を覆っていた氷冠（アイスキャップ）の上を流れ広がった。高温の火砕流は，急速に氷を融かし，その結果，大規模な泥流を発生させた。さらに泥流は，山腹に刻まれた谷を流下し，直線距離で 50km 近く離れた山麓扇状地の扇頂に位置していたアルメロという町を突然に襲った。町は最大で 7m の泥土に埋まり，町の人口 29,000 人のうち 21,000 人が亡くなる壊滅的な被害を受けた（山縣，2019）。

　このように大きな被害が出てしまった要因として，アルメロの住民や防災関係者が，自らの地域における災害の危険性について無知であったことが指摘されている。噴火に先立ってコロンビア政府は，ネバドデルルイス火山の噴火災害を予測したハザードマップをすでに作成していた。そのハザードマップには，泥流の発生も予測されていて，アルメロの町も被害予測範囲に含まれていた。しかし，その内容は住民に周知されておらず，災害対策にも活かされていなかった。

　これと対照的な事例が，2000 年 3 月に起こった北海道有珠火山の噴火で

ある。この噴火では，1人の犠牲者を出すこともなく16,000人もの人々の避難が行なわれた。有珠山においても火山ハザードマップが作成されていて，周辺地域の全戸に配布されていた。それだけではなく，北海道大学有珠山観測所や，有珠火山のホームドクターともいえる研究者による事前の啓蒙活動によって，ハザードマップの内容が周知，理解されていた。こうした噴火前の備えに加えて，噴火時に研究機関，行政，マスコミから迅速で正確な情報が伝達されたことによって，緊急避難行動が的確に行われたといえる。

　両火山の噴火被害に大きな違いが生じたのは，噴火様式の違いだけに起因するものではない。むしろ，それを受け止める社会の体制に違いがあったといえる。行政や学界から，きちんと情報が提供され，それが十分に常民に認知，理解されている必要がある。情報提供には，様々な方途が用いられるべきである。その中でも，広い対象に系統的に情報を提供し理解を得る上で，学校教育の役割は重要である。住民が，地域で発生する災害について，きちんと認知することは，地域の災害への対応力（災害レジリエンス）形成の基盤となる。

（4）教科における火山災害の取り扱い

　火山防災対策推進ワーキンググループの提言によると，火山災害を含む自然災害に関する防災教育は，各教科等の特質に応じて学校の教育活動全体を通じて適切に行うこととされている。しかし，各教科等が防災教育で果たすべき役割や，相互の関係性，重点的に指導すべき事項などが，学習指導要領上で系統的に整理されておらず，学校現場における防災教育が必ずしも効果的に実施されているとは言えない状況である（永田・木村，2016）。

　中央教育審議会（2016）が示した防災を含む安全に関する教育のイメージにおいては，生活科，道徳，特別活動，社会科，理科，保健体育，総合的な学習の時間，その他の教科において教科等横断的な視点から教育課程を編成する形が示されている。その中で，理科の内容は，小学校においては，災害に関する基礎的な理解，中学校においては災害などの原因となる現象の理解，高校においては地学的な概念や法則的な理解となっている。一方で，社会の内容については小学校においては地域社会における災害の防止等について調

べ考える，中学校においては地域の自然災害に応じた防災対策の重要性について，高等学校のうち地理では自然災害と災害対策について，公民では安全安心な地域づくりへの参画となっている（中央教育審議会，2017）。

　これまでも防災教育の中で理科は，自然科学を扱う分野であるため，防災というより災害のメカニズムなどについて理解することが重要な目的になってきた。災害の特性やメカニズムを理解することは，災害時の避難行動への対応能力を高めるためにも必要である（此松，2018）。火山災害についても，火山そのものや噴火現象のメカニズムの科学的な理解は，火山災害を理解するうえでの基礎となるので重要と考えられる。しかしながら，川路・藤岡（2018）は，理科教育における火山活動の特性に関する学習において，内容の取扱いが不十分であることに加え，火山について教えられない教員が多数である可能性や，地域性が影響することなどから，小学校・中学校の学習内容で取り扱われていないことがあるなどの現状の問題点を指摘している。火山噴火は，ほとんどの生徒が目にしたことのない現象である，規模も大きく実感を得にくい。そのため，画像や動画などの視聴覚教材の活用や，実験などの工夫が必要である。林（2006）などによって噴火現象をシミュレートした実験を取り入れた教育の取り組みが行われている。

　災害は，自然環境と人間社会の間で生じるものである。人が暮らさない場所で，いかに大規模な噴火が生じても災害にはならない。それは，単なる自然現象である。2013年に噴火を開始した西之島新島は，2021年においても活動を継続しているが，住民がいない無人島なので災害にはならない（表1）。社会科では，理科が火山活動の科学的な理解を解説するのに対して，自然と人間社会のかかわりの中で生じる災害の基礎的な理解や災害に対する対策，さらには災害に対して安全な地域づくりについて学習する。三橋（2013）は，社会科において災害に対する基礎的な知識を学ぶことが重要なのは，災害が「どうして危険なのか」，「なぜ逃げるのか」，「どのように守る工夫をしているのか」を理解することによって避難に際して，その知識を応用することができるようになることをあげている。

　防災教育の目指すところは，災害に直面したときの適切な判断力を育成することであろう。人と自然とのかかわりの中で生じる災害の場面において，

人間社会が直面する様々な課題に対する思考力・判断力の育成は，社会科に要請される重要な課題である（寺本，2013）。

　先に示したように，多くの教科において防災教育に関する内容が含まれている。広範にわたる災害に関わる学習内容を，一つの教科で網羅することは不可能であろう。しかしながら，学校教育における火山の取り扱いは，噴火や火山のメカニズムは理科，災害や防災・恩恵など人間生活とのかかわりは社会といった区分けはきちんと行われてこなかった（川路・藤岡，2018）。これらの教科がそれぞれに単独で防災教育を展開するのではなく，お互いの内容を有機的に関連づけることで，より教育効果のある防災教育を展開することが必要となってくる（阪上・村田，2019）。理科で火山活動に関する科学的な理解が培われ，それに基づいて社会科で人と自然との関わりとしての災害の理解が行われ，さらにそれをもとに災害時における思考力・判断力が育成されるというような構成が，教科横断的に構築されることが望まれる。

（5）火山防災教育の内容構成

　ここでは，火山災害に対する判断力を育成するための火山防災教育の内容構成を検討する。

　中央防災会議の報告では，災害を理解する上での，自然科学や自然災害に関する基礎的な知識の重要性が指摘されている。防災教育の基盤を成すのは，こうした基礎的な知識・理解であろう。火山防災教育における基礎的な知識・理解の内容としては，火山活動に関する科学的な理解と人と自然との関わりとしての災害に関する理解があげられる。先述したように，理科および社会科が，それぞれ担うべき内容であろう。社会科の中でも地理は，その学問領域の中に自然地理学と人文地理学を含んでいることから，独自の視点を持っているといえる。自然的な要素と人文社会的な要素の相互作用の中で生じる災害を正しく理解するうえで，両者をバランス良く俯瞰して視ることができる地理学の視点は重要であろう。

　さらに，社会科において火山防災教育で取り上げるべき内容として，災害以外の人と火山との関りとしての，火山からの恩恵をあげたい。災害をもたらすものとしての側面ばかりが強調されると，火山を含め自然現象への忌避

感を児童生徒が持ってしまう恐れがある。火山噴火は，人々にさまざまな災いをもたらす一方で、人類にさまざまな恵みをもたらす。火山噴火によって形成された地形と土壌は，ダイナミックな景観や豊かな農作物を産み出し，火山活動は火山の麓に温泉が湧き出させ，ときには数十万年もの年月をかけて様々な鉱床を生み出す。また，火山があるからこその文化、信仰など，火山からはたくさんの恵みが与えられている。川路・藤岡（2018）においても，火山における自然の二面性を視点にした実践の意義が指摘されている。

　このように知識を基盤として思考力，判断力を育成するためには，どのような手だてがあるだろうか。本来であれば，こうした知識を活用して実際に行動することを体験することが望ましいだろう。しかし，火山噴火においては，それは極めて難しい。そこで，疑似的に噴火災害を体験するような取り組みが必要となる。社会科では，シミュレーションやゲーミングなどの手法が意思決定の能力を育むために行われてきた。防災教育においても同様の取り組みは，数多く行われている。

　こうした取り組みとして火山防災教育においては，ハザードマップを活用した図上避難訓練が有効と考えられる。火山噴火では，地形の制約や火口からの距離によって，被害をもたらす現象やその影響が空間的に大きく変化する。こうした現象を理解して避難行動を考えるうえでハザードマップは極めて有効な教材となるだろう。ハザードマップ上の様々な地点で，そこで影響をうける噴火現象を想定しながら，その場所の地形条件などを踏まえて避難行動を検討するような学習が考えられる。また，火山噴火の影響範囲を踏まえながら，災害対策や地域づくりを検討する素材としても活用できる。

　現在，火山ハザードマップは，111 の活火山のうち 42 の火山において作成されている。ハザードマップが作成されていない火山においても，火山地質図などをもとにハザードマップを自作することは可能であろう。図 3 は，ハザードマップが整備されていない妙高火山について，地質図（早津，2008）をもとに作成した災害履歴図としてのハザードマップである。

　さらに，火山におけるフィールドワークは，実感を持って火山噴火現象と火山災害を認識，理解するうえで有効と考えられる。火山噴火現象は，規模が大きく，実際の現象を想像することが難しい。そのため噴火堆積物の実物

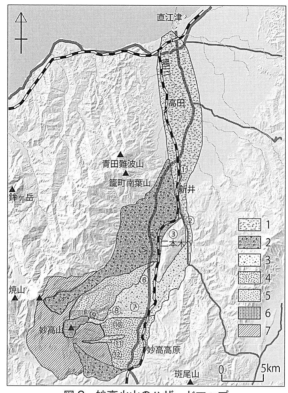

図3 妙高火山のハザードマップ

1：泥流，2：岩屑なだれ，3：大田切火砕流，4：赤倉火砕流，
5：渋江川火砕流，6：溶岩ドーム，7：山体溶岩

を観察することは，噴火現象をイメージすることに大きく寄与する。地形条
件など，噴火災害が起こる場所を理解するうえでも有効である。また，フィー
ルドワークは，地域の知覚環境を獲得するうえで有効で，避難行動に寄与す
るという指摘もある（森・山縣，2019）。すでに火山防災教育としてフィー
ルドワークを行っている実践は数多くある。その中には，ジオパークを活用
しているものも見られる（竹之内，2005；横山，2018）。活火山を含むジオパー
クでは，火山に関する解説や展示が行われていて効率よく学習を行うことが
できる。

　ここでは，妙高火山を対象としたフィールドワークの内容を紹介する（表

表3　妙高火山におけるフィールドワーク（観察地点と内容）

地点番号	地名	観察事項	内容
1	月岡	火山山麓扇状地上の水田，7.11 水害	火山と人間生活
2	川上	鳥坂発電所，上江用水　火山からの水の恵	火山と人間生活
3	高床山	妙高火山の降下火山灰，広域火山灰（巨大カルデラ噴火）	火山学，火山災害
4	中郷	渋江川火砕流堆積物，降下火山灰，山体崩壊堆積物，水力発電と化学工業	火山学，火山災害，火山と人間生活
5	泉縄文公園	縄文時代の災害	火山災害，火山と人間生活
6	関山神社	山岳信仰	火山と人間生活
7	妙高青少年自然の家	大田切火砕流の造る地形とその堆積物，山麓の農業，観光	火山学，火山災害，火山と人間生活
8	関温泉	温泉，観光	火山と人間生活
9	燕温泉	温泉，観光，大田切火砕流堆積物，燕溶岩流	火山学，火山災害，火山と人間生活
10	赤倉温泉	温泉，観光	火山と人間生活
11	新赤倉	赤倉火砕流堆積物，大田切火砕流堆積物（火砕サージ），土石流災害，砂防施設，泥流堆積物，赤倉スキー場	火山学，火山災害，火山と人間生活
12	妙高高原ビジターセンター	妙高火山に関する展示，火山地形，いもり池（農業用水），観光	火山学，火山災害，火山と人間生活

観察地点の位置は，図3に示す。

3）。このフィールドワークは，大学院生を対象とした1日の日帰り巡検の形で筆者が実施しているものである。妙高火山は，活火山ではあるが，歴史時代の噴火記録はなく，最新の噴火は，約4000年前の縄文時代に生じている。このため，公的な機関によるハザードマップの整備は行われていない。したがって，地域の児童生徒は，妙高火山が活火山であること，噴火の危険性があることを正しく認識していない可能性がある。

　表3に示したように，フィールドワークでは，火山地形や火山噴火堆積物のような火山学的な観察対象ばかりではなく，火山災害や火山と人間生活に

ついて学ぶ対象も含まれている。したがって，フィールドワークを通して，総合的に火山について学ぶことができるようになっている。

ハザードマップを活用した避難行動を促すための体験活動や，防災に関するフィールドワークなどの学習は，学校のカリキュラムでいえば特別活動や総合的学習の時間での取り組みが考えられる。しかし，実際には地理的分野の学習指導要領の内容に照らしてみると，「身近な地域の調査」に関する学習活動を通じて、子どもたちに防災について考える機会を作ることも可能である（住友，2017）。

（6）おわりに

新学習指導要領では「生きる力」が，さらに強調されるようになった。「生きる力」は，習得した知識を生きていく上で活用し，合理的な判断をし，意思決定をすることのできる「力」と解釈できる（井田，2000）。まさに災害時に求められる児童生徒が自らの命を守るための力である。こうした能力を身に着けるうえで，まずは火山およびそれが引き起こす火山災害の知識・理解が重要である。火山及び火山災害に関わる内容は広範にわたるため，教科横断的な取り組みが求められる。さらに，知識を生かして判断力を獲得するためには，火山災害を想定してハザードマップを活用した図上訓練やフィールドワークを取り入れた体験的な活動が有効であろう。特に防災教育を効果的に行う上でのフィールドワークの意義を主張しておきたい。

火山災害を教育の場で取り上げる意義は，防災・減災の観点ばかりではなく，人と自然との関わりを考えるうえでも大きな可能性を持っていると考える。噴火自体は一つの自然現象であるが，その影響範囲に人間の生活の場が含まれていた場合，それは災害を引き起こすものとなる。災害には，人文的，社会的な側面が含まれている。これまでの学校教育で取り上げられる人と自然との関係は，環境問題や公害問題であったり，貴重な身近な自然に親しむというアプローチであったり，どこか人間が自然に対して優位に立ったかたちでの取り扱いが多かったように見受けられる。

しかし，過去の歴史の中でも，現在においても，自然は人間に対して猛威を振るう恐ろしい存在としての側面も持つ。現在の私達にとっては，そのよ

うな自然の恐ろしい側面も認識して，自然に対して畏敬の念を持つことも必要であると考える。火山噴火は，時として甚大な被害を引き起こすことがある。日本列島では，巨大カルデラ噴火と呼ばれる大規模な破局的噴火が過去に起こっている。これと同等の噴火が再度起これば，国家の存続を脅かす可能性も十分にあると考えられている（Tatsumi and Suzuki, 2014）。自然の猛威と人間社会の関係を考えるうえで火山噴火災害は有意義な対象である。一方で，火山の脅威だけではなく火山からの恩恵についても取り上げる必要がある。

　こうした自然と人間との相互作用の理解は，川路・藤岡（2018）が指摘するように ESD の観点からも意義がある。火山災害に関する学習は，単に防災に関する知識や能力を身に着けるのにとどまらず，広く人と自然との関係を考える学習や地域社会を考える学習に展開させることが可能であろう。そのため，活火山の噴火リスクを抱える地域ばかりではなく，活火山から離れた地域においても火山防災教育が実施されることが望まれる。

引用文献

井田仁康（2015）意思決定を担う地理教育の学習構造．新地理，47．3-4, 45-53.

川路美沙，藤岡達也（2018）火山活動の取扱いにおける理科教育の現状と課題．日本科学教育学会年会論文集，42, 533-536.

気象庁日本活火山総覧（第 4 版）http://www.data.jma.go.jp/svd/vois/data/tokyo/STOCK/souran/menu_jma_hp.html（最終閲覧日 2021 年 1 月 10 日）

此松昌彦（2018）理科新学習指導要領からの防災教育．和歌山大学災害科学教育研究センター研究報告，2, 29-34.

阪上弘彬，村田　翔（2019）日本の学校教育における防災教育の展開と特徴：阪神淡路大震災と東日本大震災の 2 つの災害を視点に．兵庫教育大学研究紀要：人間発達教育専攻　特別支援教育専攻　教育内容・方法開発専攻　教育実践高度化専攻　附属学校園．55, 141-151.

住友　剛（2017）中学校社会科における防災学習の可能性（1）地理的分野の学習内容を中心に．京都精華大学紀要，50, 3-20.

田口瑞穂，小森次郎（2020）火山災害教育の近年の動向について．日本科学教育学会年会論文集，44, 261-264.

竹之内耕（2005）地元の題材をいかに活かしていくか，博物館が協力した総合学習：

フォッサマグナミュージアムの実践から．地学教育と科学運動，50，25-30.

中央教育審議会（2016）幼稚園，小学校，中学校，高等学校及び特別支援学校の学習指導要領等の改善及び必要な方策等について．

寺本潔（2013）社会科が担う防災意識の形成と減災社会の構築．社会科教育研究，119，48-57.

内閣府（2015）御嶽山噴火を踏まえた今後の火山防災対策の推進について（報告）．

永田俊光，木村玲欧（2016）火山災害から「生きる力」を高めるための火山防災教育プログラムの開発．地域安全学会論文集，29，175-184.

林信太郎（2006）世界一おいしい火山の本：チョコやココアで噴火実験．小峰書店，127.

早津賢二（2008）妙高火山群―その地質と活動史―．第一法規出版，344.

三橋浩志（2013）防災教育と社会科教育の関係―防災教育を巡る最近の動向を踏まえて―．中等社会科教育研究，31，3-10.

森　康平・山縣耕太郎（2019）児童の知覚環境の発達を促す防災教育の構築．日本地理学会発表旨集，2019a，61.

山縣耕太郎（2019）地球を俯瞰する自然地理学（No.70）火山災害への自然地理学的アプローチ．科学，89-9，778-780.

横山光（2018）洞爺湖有珠山ジオパークにおける世界に誇る火山防災活動．地学教育と科学運動，80，19-22.

Tatsumi Y. and Suzuki-Kamata K.（2014）Cause and risk of catastrophic eruptions in the Japanese Archipelago. Proceedings of the Japan Academy, Series B, 90-9, 347-352.

5 台湾の高等学校防災教育テキスト 『高中防災教育』の内容構成

吉水　裕也

（1）『高中防災教育』とは

　これまで，台湾の防災教育については，南埜（2018）や名須川ほか（2019）が就学前段階での実践を報告している。一方，初等中等段階での防災教育に関する詳細な報告は，ほとんど見られない。

　本節では台湾の高級中學（日本の高等学校）向け防災教育テキストブックとして編纂され 2010 年 10 月に発行された『高中防災教育』（蘇ほか編，國立臺灣師範大學図書館出版中心）（写真 1）（以下，本書）の内容構成を紹介したい。

　台湾は日本と同じく環太平洋造山帯に位置しており，フィリピン海プレートとユーラシアプレートの境界にあることから地震多発地域である。また，日本よりも低緯度に位置していることから，台風が勢力を保ったまま接近，上陸することも多く，風水害多発地域でもある。

　近年の台湾では，1999 年 9 月 21 日に発生した 921 大地震（集集大地震などとも言う）以降，防災教育が一層重視されるようになっている。また，台湾の防災教育は『十二年國民基本教育課程綱要總綱』（教育部 2014）に例示された 19 の課題（男女共同参画，人権，環境，海洋，人格，生活，法の支配，技術，情報，エネルギー，安全，防災，家庭教育，キャリアプラン，多文化主義，読書リテラシー，野外教育，国際教育，先住民教育）の 1 つとなっている。郭（2020）によると，「課題教育」とは現代社会に重大な課題を取り込み，生徒がその課題の背景と原因，そして現象と影響を理解すべきものである。また，重大な課題に関する知識，態度とスキルを習得し，責任感と行

写真1　『高中防災教育』の表紙

動力を高め，より良い国民と世界公民になるという。さらにこれらの課題が
教科カリキュラムに統合されていくとも述べている。つまり，防災のような
課題はクロスカリキュラム的に取り扱われると言うことと解釈される。

　本書は，國立臺灣師範大學地理學系の教員などが編集委員となって作成さ
れ，2010年に初版が上梓されたものである。日本と同様台湾でも防災教育
に地理学者が関与していることがわかる。本節では，本書の内容構成から，
台湾の防災教育と日本の防災教育の基本的アプローチとの差異を概観した
い。

（2）『高中防災教育』の全体構成

　前書きによると，本書は日本の文部科学省にあたる教育部発行の 2010（民國 99）学年度実施「普通高級中學課程綱領」の内容に基づいており，防災教育が教科教育に統合されるように設計されていると記されている。また，本書には教師のマニュアルがあり授業準備に使用できるほか，学生向けのマニュアルもあり，授業や授業後の活動を学生に提供できるとも記されている。しかし本稿では，紙幅の都合上，本書の構成や内容に関する紹介にとどめる。

　本書は，五編十九章から構成されている（表1）。大きく分けると，第一編が災害に関する概説（防災組織や防災教育の考え方を含む），第二編から第四編が自然災害，第五編が人為災害及びその他の災害を扱っており，明確

表1　『高中防災教育』の内容構成

編		章		頁数（平均）	
一	生活防災	一	災害の概要	3	14 (4.7)
		二	防災組織システムと情報	6	
		三	防災概念の徹底	5	
二	台風災害	四	台風及び洪水災害	12	25 (8.3)
		五	台風災害への警戒	8	
		六	風水害防止対策	5	
三	地震災害	七	地震の原因と特性	10	23 (7.7)
		八	地震災害と要因	7	
		九	近年の台湾及び世界の地震災害の事例	6	
四	斜面災害	十	傾斜地の環境と災害	2	17 (5.7)
		十一	土壌の侵食と山崩れ	9	
		十二	土石流	6	
五	人為及びその他の災害	十三	人為災害の概要	5	52 (7.4)
		十四	交通災害	6	
		十五	火災	11	
		十六	産業災害	9	
		十七	有毒化学物質，放射線と原子力	5	
		十八	化学災害	7	
		十九	感染症	9	

（蘇ほか（2010）より筆者訳出）

には示されていないものの三部構成がとられていると考えられる。

　第一編では，災害を社会学的に分類しており，全体像を掴ませている。日本では，「生活安全」「交通安全」「災害安全」という3つの柱で学校安全を構成しているが，高校での理科や社会系教科の学習内容がやや自然災害に偏っているところから考えると，台湾ではより幅広く人為災害をも扱う姿勢が見られる。

　第二から四編では，いわゆる自然災害を取り上げており，地震，台風などによる風水害や土砂災害が手厚く取り上げられている。日本の防災教育が対象としているものと共通しており，第四編まではあまり違和感なく読むことができる。特に，亜熱帯地域である台湾での災害は，温暖化によって亜熱帯化する日本の防災教育に関係するところが大きい。

　一方，第五編は人為災害やその他の災害を取り上げている。日本の防災教育ではあまり対象とはならないような交通災害，さらには感染症（自然災害とも考えられる）までをも幅広く取り上げている。日本の小学校社会科でも交通事故を通して社会のしくみを学習する単元が設定されているが，本書では，自然災害から人為災害までを幅広く総合的に取り上げているところが大きな特徴である。日本の災害対策基本法（1961年制定）では，災害が「防風，豪雨，豪雪，洪水，高潮，地震，津波，噴火その他の異常な自然現象または大規模な火事若しくは爆発その他その及ぼす被害の程度においてこれらに類する政令で定める原因により生ずる被害」と定義されている。そのためか，災害というと自然災害を連想することが多く，社会科で扱われている環境問題に関連した事象でも，温暖化に伴うと考えられるような自然事象は災害と捉えられても，公害のような事象は災害とは捉えにくい傾向がある。

　筆者は，かつてイングランドの中等地理テキストブックにおける「防犯」単元の分析を行ったことがある（吉水2013）。イングランドの場合，生徒を取り巻く危険は幅広く防災教育の対象と捉えられている。一方，日本では，災害教育と交通安全教育，防犯教育は別の枠組みと捉えられているのではないか。本書が対象としている内容は，交通災害や感染症など，日本の学校教員には一般に災害とは認識されていない事柄を含んでおり，防災の捉え方の違いについても示唆を与えてくれる。

（3）『高中防災教育』における防災の定義

　第一編「生活防災」では，防災の定義，防災組織，災害に対する意識について述べられている。

　第一章では，自然があらゆるものを育み，すべての生活空間を形作る豊富なリソースを提供する一方で，生命の脅威をもたらす可能性をもっていることが述べられている。自然の恵みと脅威である。特に，量的な適切性が制御できなくなると，自然が猛威を振るうということが説明されている。例えば，火が人間の生活に重要な役割を果たしていることについて，火は調理や滅菌に利用できるが，制御不能になれば火災になることなど，恵みと脅威の両面が説かれている。また，災害を大きく天災と人災に区別し，災害を社会学的な視点から分類している。先述の通り，自然災害，人為災害，その他の災害に大きく分類している。

　第二章では，台湾の防災に関する組織が，国家レベルから地域レベルまで紹介されたり，災害に関連した情報がどのようにして得られるのかについて論じたりしている。特に防災コミュニティの重要性を謳っている。また，気象に関するデータ，災害地図がグローバルスケールから台湾付近をカバーするスケールで紹介されたり，災害に対する学校施設の診断結果を示したり，防災施設や避難経路を示したりする校園災害地図のようなミクロスケールのものまで紹介している。

　第三章では，各国で災害がどのように捉えられてきたのか歴史的に扱っている。例えば，台湾では地震が地下にいる牛が起こしているものだと捕らえられてきたのに対して，日本ではナマズが様々な資料に登場することや，聖書に登場するノアの箱舟など，災害がどのように捕らえられてきたのかを文化的側面から論じている。また，災害時に人々に働く正常性バイアスについて触れ，具体的な防災対策や防災教育の重要性を強調している。

（4）『高中防災教育』における自然災害の扱い

　本書の第二編から第四編は，主に自然災害を扱っている。

　第二編「台風災害」では，台風をはじめとする風水害について取り上げている。

　第四章「台風及び洪水災害」では，世界における台風発生地域，発生メカニズム，台風の大きさや強さによる分類，洪水災害，台湾を襲った実際の台風被害の実例などを詳しく学ぶ。例えば，1897 年〜2009 年までに台湾を襲った台風のルートを 9 つに分類し，ルート毎に国内のどの地域で降水量が多くなるのかを示すなど，詳しい学習が可能となっている。

　第五章「台風災害への警戒」では，台風の進路や被害などの予測や警報の発令などの予報について，さらに第六章「風水害防止対策」では，台風にどのように備えるか，台風後の街中で気をつけなければならないことなどについて，具体的に学習するようになっている。毎年，強い勢力を保ったまま接近し，大きな被害をもたらす台風や洪水については，発生頻度が高く，被害の規模も大きいため，丁寧な扱いをしており，我が国の風水害の学習にも大きな示唆を与える内容となっている。

　第三編「地震災害」では，内的営力による災害としての地震災害を扱っている。台湾は，日本と同様環太平洋造山帯に位置しており，度々大きな地震が起こっている。近年では，1999 年 9 月 21 日に発生した 921 大地震により2,415 人が死亡し，台湾における防災教育転換の契機となった。

　第七章「地震の原因と特性」では，地震の発生メカニズムとして弾性反発論を，さらに地球上での震源の分布図を紹介している。次に，正断層，逆断層，横ずれ断層，さらに，P 波，S 波などの地震波の特性を紹介している。また，台湾で起こった実際の地震の地震波を事例研究している。

　第八章「地震災害と要因」では，921 大地震の地震波の震幅，地震が引き起こす災害としての建築物破損・倒壊，液状化，火災，津波，閉塞湖について取り上げ，さらに地震前，地震時（室内，屋外），地震への準備と予防について取り上げている。

　第九章「近年の台湾及び世界の地震災害の事例」では，1999 年 921 大地震，2004 年インドネシア等での津波，2008 年四川地震，2010 年ハイチ地震の事例を取り上げている。

　第四編「斜面災害」では，外的営力による災害としての斜面災害について扱っている。

　第十章「傾斜地の環境と災害」では，まず，一般的な土壌侵食，マスウェ

スティング，土石流などのマスムーブメントについて認知させている。次に，一般的な斜面災害として土石流などについてやや具体的に扱い，さらに台湾の傾斜地環境について述べ，台風通過や地震発生に伴って斜面の災害が起こっていることを扱っている。

第十一章「土壌の侵食と山崩れ」では，まず，土壌侵食の自然的要因として気候，地形，植生，土壌，人為的要因として地表の被覆，耕作方法，伐採，道路建設，開拓をあげている。次に，土壌侵食の分類として，雨滴侵食，面的侵食，ガリー侵食，風食をあげ，土壌侵食の防止について，等高線耕作法などの農法，土壌流出防止のための排水溝整備，河川の護岸，落差工，擁壁の設置などを扱っている。さらに，山崩れについて，その定義に続き，傾斜，人為的要因，水の影響などの発生要因を取り上げ，落石，滑動について詳しく扱っている。これらを踏まえて山崩れの防止について扱っている。

第十二章「土石流」では，泥流に近いタイプ，一般的なタイプ，巨礫の移動を伴うタイプなど，様々な土石流があることや，土石流の運動プロセス，土石流の発生条件などについて詳しい知識が提供されている。また，土石流災害の軽減のためにどのような治山，治水がなされているのかが扱われている。

第四編の内容は，日本の高等学校では扱われないような詳細な内容となっている。例えば，土石流についての学習では，土石流の発生メカニズムを学ぶだけではなく，台湾で実際に発生した事例を補足することで，日常に起こる災害であることを意識させる工夫がある。

（5）『高中防災教育』における人為災害等の扱い

第五編は，「人為災害とその他の災害」についてである。

第十四章の「交通災害」では，道路交通，海難，空難のそれぞれの災害が取り上げられている。例えば，道路交通事故の場合，事故のタイプ毎に年齢別の死亡率が示されるなど，客観的に事故を捉えさせようとしている。日本では小学校中学年の社会科で交通事故の学習が行われているが，本書ではデータとともに幅広く交通事故を扱っており，交通災害という枠組みで捉えていることがわかる。海難では，事故の発生地点と理由，空難では，航空機，

天気などの環境，人為的の大きく 3 つの理由別に事故発生の割合を示すグラフが提示されている。

　第十五章では「火災」が取り上げられている。火災の種類，消火方法，火災が起こらないようにする配線方法など家庭での防火の実際を学び，その後森林火災，さらに公共空間での火災時の避難，公共の場所の安全診断など，幅広く火災から身を守る方法を学習する構成となっている。日本の学校では，消防法により，毎年火災に関連した避難訓練が実施されている。避難訓練の改善にも本書の内容は示唆的である。

　第十六章の「産業災害」では，産業災害の類型，産業災害の発生要因（ずさんな管理や機器の故障，行ってはいけない操作など），具体的事例，事故を防ぐための対策などを扱っている。例えば，工事現場での足場の崩れ，工場での機械による事故など，実際に労働する現場での災害について学習する構成となっている。日本では一般に労働災害と呼んでいるだろうか。学校防災に関連させるならば，学校内で児童生徒が使用する機械等の管理，使用環境の整備，正しい使用方法に関連した内容となろう。

　第十七章の「有毒化学物質，放射線と原子力」は，日常生活にある有毒な化学物資に関する認識を深めることから始まる。例えば，発泡スチロールの食器は便利だが注意が必要なことや，有毒な化学物質はどのようなものに含まれているかが示され，呼吸器や人体への吸収による影響に触れている。次に，台湾における有毒化学物質に関する事故の例が示される。さらに，放射線に関しては，無色・無味・無音などの特色と，原子力発電について触れ，チェルノブイリ事故の後，小児甲状腺がんが増えたことや，台湾内にある原子力発電所の事故が報道されたときにとるべき行動が具体的に書かれている。

　第十八章の「化学災害」では，まず日常的に見られる化学災害として，化学工場や実験室における爆発などが例示されている。次に，実験室での有害な化学物質について，毒性，腐食性，可燃性などの特性が紹介されている。さらに，危険な物質からどのように身を守るのかについて具体的に示されている。日本では理科の実験方法に関する注意が，まとめて詳しく示されている感覚であるが，有害な化学物質によってどのような被害が発生するのかの具体も示されている。

第十九章は「感染症」である。まず，グローバル化によって感染症が国際化していること，WHOによると感染症による死者は世界の死者の25％（2002年）にのぼることなどが紹介される。2002年時点で最も多い感染症は，肺炎などの下気道感染症（1993年も1位），2位がエイズ（1993年は7位），その他破傷風や梅毒が増えていることが読み取れる表の示し方をしている。次に，感染症の予防・管理体制構築について，法定伝染病や学校伝染病等による法整備，ワクチン接種体制，無料相談体制，日常の予防について解説している。日常の予防行動について示したイラストには，①手洗い，②マスク着用，③咳エチケット，④人混みを避ける，⑤検温が示されており，感染症予防の基本は変わらないことがわかる。さらに，結核，エイズ，デング熱の3つを取り上げて，世界全体（エイズに関しては台湾国内）での分布，感染経路，症状，予防法について取り扱っている。

（6）『高中防災教育』で扱われている災害

　本書ではどのような災害が扱われたのだろう。國井編（2012）は，災害を大きく自然災害と人為災害に分類している。それに基づき本書で扱われている内容を再度整理してみる（表2）。

　自然災害，人為災害の両方が取り入れられているが，紛争災害についての扱いはなかった。郭（2020）は，台湾の高等学校に国防を学ぶ必修科目である全国民国防教育があり，そこでは軍事教官が授業を担当すると述べている。防災訓練でも「教官」はプランを立て，生徒に実行させるとしている。本書に紛争の項目がないのはこのことが影響しているのかもしれない。

（7）我が国の防災教育への示唆

　本節では，2010年に発行された本書『高中防災教育』の内容を紹介した。本節の冒頭にも述べたとおり，本書は，災害の定義，台湾に特徴的な自然災害，そして，人為災害も含めて幅広く扱った総合的安全教育教材としての特徴を持っている。自然災害のみならず，人為災害まで幅広く扱っており，それぞれの災害の概要，発生メカニズム，具体的事例，対策が基本的な知識として習得できる構成になっていた。また，本書で扱っている内容の幅広さは，

表2　災害の分類及び本書での扱い

分類		具体例	本書での扱い
自然災害	水気象学系	サイクロン，洪水，干ばつ，高潮など	○
	地質学系	地震，津波，火山噴火など	○
	生物学系	疫病，SARS，新型インフルエンザなど	○（人為）
人為災害	都市災害	大気汚染，水質汚濁，地盤沈下，火災など	○
	産業災害	工場・鉱山・土建現場などの施設災害，労働災害，放射線災害など	○
	交通災害	陸上交通・飛行機事故，船舶事故など	○
	管理災害	設計・計画のずさん，施工劣悪，管理不備・怠慢，行政処置の不当など	○
	環境災害	ヘイズやアラル海など環境破壊が誘発した災害	△
	紛争災害	国境紛争・内戦など	×
	CBRNE災害	Chemical（化学）・Biological（生物）・Radiological（放射性物質）・Nuclear（核）・Explosive（爆発物）	○

（國井編（2012）と蘇ほか（2010）をもとに筆者作成）

イングランドでのアプローチと似ており，学校安全の範囲と，学校における安全教育や防災教育の内容の範囲を考えさせるものであった。

　台湾では，「防災」が『十二年國民基本教育課程綱要總綱』（教育部2014）の課題の1つに位置づけられており，その課題がクロスカリキュラム的に教科のカリキュラムに統合されていくことを考えれば，本書が単独で授業で使用されることは少ないのかもしれない。一方，幅広く，そして多くの写真や主題図を含む多くのデータが示されているものの，本書を用いてどのような学習課題を生徒に投げかけるのかは直接示されておらず，教科の学習に統合する際に教師がデザインしなければならないのだろう。系統性を持った教材としての完成度は高いと分析できるものの，学習材としての完成度は十分に考察できなかった。本書のシリーズとして教師用指導書や生徒用のワークブックが発行されたようだが，今後はそれらの分析を試みること，また台湾の新たな防災教育の展開に注目したい。

引用文献

郭　孟倪（2020）：台湾の高等学校における防災教育の理念と現状―南三陸町との比較を通じて―，国際教育 25，pp.118-124.

教育部（2014）：『十二年國民基本教育課程綱要總綱』.

國井　修編（2012）：『災害時の公衆衛生―わたしたちにできること―』，南山堂.

蘇　淑娟ほか編（2010）：『高中防災教育』，國立臺灣師範大學図書館出版中心.

名須川知子，翁　麗芳，磯野久美子（2019）：就学前親子における防災―台湾の防災教育と日本の子育て支援ルームの実践から―，幼年教育 web ジャーナル 2，pp.55-63.

南埜　猛（2018）：台湾の就学前教育における防災教育の実際，兵庫教育大学研究紀要 52，pp.49-54.

吉水裕也（2013）：中等地理教育でリスク社会をどのように扱うのか―身近な地域の防犯環境設計を事例として―，社会科教育研究 119，pp.58-67.

第3章

「生きる力」を育む防災学習と授業開発

1 中等社会系教科における防災学習の動向 —3.11後の研究を対象にしたシステマティックレビュー—

阪上　弘彬

（1）はじめに

　2011年3月11日に発生した東日本大震災（以後，3.11）から，10年の歳月が経過した。3.11以後，学校教育では防災教育が盛んに取り組まれるようになった。桜井（2013, p.152）によれば，防災教育は「平常時における事前準備→災害発生時→復旧・復興期→復興後の4つの段階において，人々が自ら災害に適切に対応し，災害を軽減することができるようになる（減災）ための知識を備え，判断し，行動する能力を育てる教育」であり，学校教育においてもこれらの能力を育むことが求められている。学校教育における防災教育は，学校安全の中に位置づけられ，避難訓練をはじめとする行事や特別活動等で主に実施される防災指導と主に教科指導等で実施される防災学習から構成される（文部科学省，2013, p.5）。特に防災学習では，「防災に関する基礎的・基本的事項を系統的に理解し，思考力，判断力を高め，働かせることによって防災について適切な意志決定ができるようにすること」（文部科学省，2013, p.6）が目指され，学習指導要領においても防災に言及する教科や記述内容が増加していることからも，防災学習の実践がより一層求められる状況にある。

　このような状況において，学習指導要領において理科と並び防災に関する内容が数多く示されてきた中等社会系教科では，3.11後どのように対応してきたのだろうか。学会レベルでは，日本社会科教育学会（2018）が出版した『社会科教育と災害・防災学習—東日本大震災に社会科はどう向き合うか—』では被災地や被災地以外での防災の取組みが報告され，個々の研究者・教師レ

ベルでは，数多くの理論研究や実践研究が学会誌等を通じて発信されてきた。また 3.11 後の防災教育をレビューした研究もみられる。三橋（2013）は社会系教科の主要雑誌や大学等の紀要，大会での口頭発表をレビューし，「自然環境と人間の関係」，「公民的資質の育成」，「カリキュラム検討等」から実践研究の論点を整理した。さらに三橋は「学校安全教育としての防災教育の動向」にも言及したうえで，体系的な防災学習の成果・課題の把握，理論化の必要性を指摘した。

　3.11 から 10 年を迎え，社会系教科では防災学習に関する数多くの研究が蓄積されている。今後の防災学習を展開するためにも，防災学習に関する研究の成果と課題を体系的に整理することは不可欠であり，また今後の防災学習に関する研究の方向性を示す必要がある。そこで本研究はシステマティックレビューを用いて，以下に示すリサーチ・クエスチョン（RQ）のもと，3.11 後の中等社会系教科の防災学習の傾向を明らかにし，今後の展望を示すことを目的とする；① 3.11 後に出版された学術雑誌において，中等社会系教科を対象とした防災学習はどのようなテーマのもとで提案や実践がなされてきたのか，②防災学習のさらなる推進に向けてどのような研究が必要となるのか。

（2）研究方法

1．システマティックレビュー

　システマティックレビューとは，主として保健や看護の分野で多く用いられている文献レビューの手法である。近年では人文・社会科学でも用いられ，地理教育においても用いられている（例えば，Lane and Bourke, 2017）。システマティックレビューは，伝統的な文献レビューよりも客観的（Petticrew and Roberts, 2006, pp.9-10）で，また明瞭で再現性があり，バイアスを最小限に抑えた方法を用いて，課題に関連する研究のエビデンス（科学的根拠）について，系統的な検索，特定，選択，評価，統合を行うレビューである[1]。

2．論文の選定基準およびその過程

　論文収集・選定は，RQ に基づき実施され，主たる論文収集方法は，デー

タベース検索である。本研究ではCiNii Articles（以下，CiNiiとする）（実施日：2020年9月22日）を利用し，検索ワードを「（防災 OR 減災 OR 復興）AND（地理 OR 歴史 OR 公民 OR 社会科 OR 地理歴史科 OR 公民科） AND （授業 OR 学習 OR 実践）」とした。またデータベース検索以外の収集方法も認められ，本研究では社会系教科，かつ日本学術会議協力学術研究団体（以下，学術登録団体）の学会誌である『社会科研究』，『社会科教育論叢』（全国社会科教育学会），『社会科教育研究』（日本社会科教育学会），『社会系教科教育学研究』（社会系教科教育学会），『新地理』（日本地理教育学会），『公民教育研究』（日本公民教育学会），『日本教科教育学会誌』（日本教科教育学会）を対象に，ハンドサーチ（実施日：2020年9月22日）を実施した。

　なお本レビューでは，学術雑誌は企業，政府，民間教育団体が発行するものを除く学会誌，紀要とし，またこれらの学術雑誌に掲載された論文でもコメントや大会・例会報告，書評，雑記などの種別はレビューの対象からは除外とした。加えてデータベース検索およびハンドサーチで収集する論文は，RQに基づき2011年以降に発行されたものに限定した。論文の選定はMoher et al.（2009）に基づき実施し，選定過程は図1に示す通りである。

　データベース検索から395件，ハンドサーチ（その他の情報源）から20件を取得し，重複論文を削除した結果，393件となった。スクリーニングでは，論文のタイトル，要旨，書誌情報（雑誌名・原稿種別）を対象に，①著者が明記されているか，②中等社会系教科を対象としているか，③「防災（・減災・復興）教育」に関する研究であるか，④学会誌・紀要であり，大会報告等の種別ではないか，という観点から論文を絞り込んだ。なお要旨がない論文で，論文タイトルや書誌情報のみで判断がつかない場合は，適格性の段階で判断することとした。またこの段階で「論文が取り下げられているもの」も除外した。結果，333件を除外し，残りの60件を対象に適格性を確認した。この段階では論文全体に目を通し，RQを基にレビュー対象か否かを判断した。その結果，10件が不適格なものであり，最終的に50件をレビュー対象とした。

　またレビューに当たっては，10項目（①タイトル，②著者，③雑誌名（巻号，掲載ページ含む），④学校種，⑤教科・科目・分野，⑥研究背景・目的，

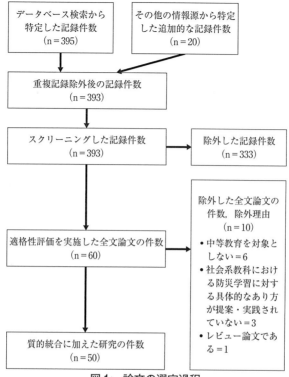

図1　論文の選定過程

注：重複記録除外後の件数がデータベース検索の件数を下回るのは, データベース（CiNii）において, 同一の論文が巻号表記などの違いにより重複して登録されており, その重複を整理したためである。
資料：Moher et al.（2009）をもとに筆者作成。

⑦研究方法, ⑧研究内容, ⑨結論, ⑩防災のあり方）から構成される論文シートを作成し, 各論文の内容を整理した。

（3）選定した論文の一般的傾向

　発行年次別の論文数は, 図2に示す通りである。3.11直後の2年間は論文がなく, その後増加した。なお, 学術登録団体の論文が多い年次がいくつかあるが, すべてではないものの学会誌で防災に関連した特集号が組まれたことが, その一因として考えられる[2]。

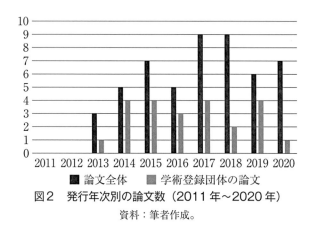

図2　発行年次別の論文数（2011年〜2020年）

資料：筆者作成。

　次に，学術雑誌の種類に着目すると，27件が学会誌（うち，学術登録団体の論文は23件），23件が紀要（うち，大学は20件，国立大附属学校は3件）であった。掲載数の多い雑誌は順に，『社会科教育研究』（7件），『社会系教科教育学研究』（6件），『新地理』（6件）であった。

　学校種は，中32件（うち中のみが23件），高が25件（うち高のみが18件），小中高が4件，小中が2件，中高が3件であった。また教科（分野・科目）の特徴をみると，中学校社会科を対象としたものは，32件あり，うち特定の分野に言及したものは，地理的分野が23件，歴史的分野が4件，公民的分野が9件であった。なお1つの論文の中で複数の分野に言及したものがあるため，分野の合計は32件とはならない。地理歴史科は22件あり，特定の科目に言及したものは地理（地理A，地理B，地理総合，地理探究）が20件，歴史（歴史総合）が1件であった。公民科は4件であり，うち2件が現代社会に言及したものであった。

　最後に研究方法からみると，理論研究（言説整理，カリキュラム，外国研究）は11件，実践研究（教材開発，授業開発・実践）は39件であった。実践研究のうち，教師教育（教員養成・研修等）の文脈で実施されたものは5件あった。

（4）結果

　50 件の検討から防災学習のテーマとして，件数の多い順に，「ハザードマップ・地図・地理情報，フィールドワーク」（18 件），「自然環境（自然災害）と人間社会との関わり」（7 件），「政府・自治体による政策」（6 件），「過去の災害」（6 件），「地域づくり・まちづくり」（5 件），「原発災害」（4 件），「自然災害によるリスクの自覚」（3 件），「人々の生きがいや希望」（1 件）の 8 つが見出せた。以下，50 本の概要を提示する。

１．ハザードマップ・地図・地理情報，フィールドワーク

　本テーマに該当するものは 18 件あった。うち 6 件がハザードマップを含む地図の活用や作成であった。地理的分野での実践には 2 件あり，小谷（2014）はハザードマップの作成を通した「防災に対して『ローカルな知』を有する自律した個人」（p.9）の育成，横井（2019）はハザードマップの活用を通して，地域の防災を皆で考えていくという自覚を育てることを目指していた。地理 A や地理総合を想定した研究は 4 件あった。中村（2016, 2019）は読図を基盤に地域の災害の危険性を認識し防災対策について考える授業を開発・実践した。笹田・諏訪（2017）は，「ハザードマップを用いて生活圏における複数の災害について考察するとともに，適切な批判行動がとれるような判断力を養う」（p.140）ことを目指した地理 A の教材を開発し，社会科・地理歴史科教育法の受講学生を対象に実践した。そして受講学生には「将来の授業実践者として客観的に授業を観察する能力を求められており，そういう意味でも本教材は適切なものであった」と主張した（p.145）。森田（2018）は地理総合での実践を視野に入れたものであり，ハザードマップの読図や作図を通して，学習者に災害の予測や避難経路，軽減策を考えさせる授業を実践した。

　地理情報・GIS（地理情報システム）に関する研究は 2 件あり，地理情報を活用して災害への理解を深め，防災に関する意思決定を促すこと目指し，高校地理の役割を検討した國原（2015b）および地理総合で GIS が登場したことを背景に，esri が作成した GIS 教材（GIS カード）を用いて，自然災害時における安全な帰宅経路について学習者に考察させた土田ほか（2020）が得られた。

加えて，地域（の災害）の特徴を把握するフィールドワークの実践は2件あった。地理Aでの実践を報告した今井・神田（2018）はウォークラリー巡検により，学校周辺の地震と水害に関わる場所や避難関係の位置をめぐり，巡検に参加した生徒の防災に関する意識の変化を検証したものであった。岡本（2020）は新学習指導要領において，「持続可能な社会・国づくりを視座に据え，主題学習的な探究力育成を目指した授業展開が求められることとなった」（p.34）ことを背景に，フィールドワークの必要性を主張した研究であった。岡本はこれまで高校生や大学にフィールドワークを実施してきた経験から，「FW（筆者注：フィールドワーク）時，生徒・学生共に，自分が立っている場所がどのようにして生まれどのような自然的特徴があるのか，或いはその場所の防災上のリスク等，殆ど意識していない」（p.34）ことを指摘した。そこで，自然地理，とくに防災を意識したフィールドワークの具体例および評価の具体を示し，フィールドワークは「続可能な社会の形成者を育てる観点からも，防災教育に繋がる実学的な授業の取組みの一方法と成り得る」と主張した（pp.40-41）。

　さらに上述の手法を組み合わせた研究もみられ，GISとフィールドワークを組み合わせたものは3件あった。國原（2017b）は，フィールドワークの普及のためには，教員養成段階で実際に経験し，これを踏まえて単元計画や学習指導案を作成することが必要であると主張した。そこで社会科・地理歴史科教育法のなかで，大学周辺のフィールドワークを実施し，学生に地理的分野における防災の単元計画や学習指導案を作成させた。また学生の学習指導案では地図やGISなどが不十分であったことから，授業改善のために，GISが活用できないかという検討もなされた。堂前ほか（2018）もまた大学の授業で実施された研究であり，研究の背景には地理総合におけるGISの導入があった。防災をテーマにした地域学習を事例に，学生に実施した水害に関するフィールドワーク，GISを用いた土地の高低差の考察の取組について報告した。佐々木ほか（2019）は，弘前大学教育学部で実施されている教科専門，教科教育，附属教員が連携した長期継続型の教育実習の取り組みを報告したものであった。津波を事例に，事例地域のフィールドワークおよびGISを活用した地域把握の様子が示されるとともに，地理的分野において開

発・実践した授業の概要および実習生の学びの成果と課題が報告された。

　地図とフィールドワークを組み合わせたものは，4件あった。權田・今井（2014）は，地理，歴史，公民的分野の連携を視点に取り組んだ研究である。地理では「身近な地域の調査」，歴史では「江戸時代の政治改革」，公民では「地方自治」を視野に入れ，実践を行った。そして，3分野の連携には地図の活用が不可欠であること，フィールドワークも有効であることを主張した。地理的分野における防災学習を検討した住友（2017a）および地理的分野の教科書における防災に関する記述を検討した山神（2018）はともに，防災学習においてハザードマップおよびフィールドワークを活用する必要性を主張した。また北崎（2020）は，中学校の校外学習と地理的分野，歴史的分野の学習を連動させ，「旅行者視点」を取り入れた実践を報告した。地理では主にハザードマップや地形，避難施設の確認を，歴史では校外学習で訪れる鎌倉の歴史を学習した。座学を踏まえ校外学習ではハザードマップなどを活用したフィールドワークを実施し，鎌倉の防災に関するレポートを作成するものであった。

　ハザードマップとGISを組み合わせたものが，國原（2015a）であった。ハザードマップは，「地理情報を加除しながら，地域の自然的・経済的・社会的特色を読み取らせ，防災を通して地域の課題と原因を考察させるにはよい教材である」（p.20）であるが，ハザードマップの有用性と限界は学校現場では十分に伝えられていないと主張し，地理情報の加除や地図の重ね合わせを行い諸要素の関係を捉えることに優れるGISに着目した。そこで地域的特色と変化を一体的に把握するためのGISの役割を検討することを目的に，高校地理の自然災害学習を取り上げ，授業を開発し，その実践を報告した。

　本テーマの研究をまとめると，地理を視野に入れた研究がほとんどであった。またハザードマップやフィールドワークなどの手法を用いる目的は一様でなかった。教師の教材開発の手法としての活用を報告・提案するものがある一方で，学習手法としての活用を提案するものがあった。また学習手法として活用したもののなかでも授業の目標をどこに置くのか（例えば，地域（の災害の）認識，（避難行動のための）意思決定，個人の防災意識など）は，異なっていた。

2．自然環境（自然災害）と人間社会との関わり

　本テーマに該当したものは７件あった。うち自然環境と人間社会の関わり
を視点とした地理における防災学習の実態や授業構成論を明らかにしたもの
は２件あった。金（2014）は香港の中学校カリキュラムおよび教科書に着目
した。カリキュラムなどの分析結果から，香港では人間と環境の相互依存関
係という視点から自然災害に関する探究的な学びが展開し，災害や対策に対
する深い知識を獲得できること，自然災害の学習を通じて地理的技能や批判
的思考といったコンピテンシーが獲得できること，このような学習では最終
的に持続可能な社会な社会を形成するための市民性の獲得を目指している
ことを明らかにした。また永田（2015）は，オーストラリアの地理カリキュ
ラムの分析から，「地理的な見方や考え方から自然災害をとらえ，その対応
を判断することから学習者の防災意識を高めるような，社会科地理としての
防災教育の授業構成を明らかにすること」（p.15）を目指した研究であった。
そこで自然と人間の関わりを捉える「景観」に着目し，ナショナルカリキュ
ラムにおける防災単元「景観の危機」の分析を通じて，防災意識を高める社
会科地理学習のあり方を提案した。

　個々の自然災害に着目し，その特徴を踏まえた教材や学習を提案したもの
は３件あった。山田（2015）は，土地利用と河川の浸水に着目した。大和川
流域に位置する奈良盆地の中西部を対象に現地調査を実施し，結果を踏まえ
て，中学校および高校における地形学習の際に，身近な地域との結びつきか
ら土地利用を学ぶことで，地域の安全への理解が深まることを主張した。有
賀・青木（2016）は地震とその社会への影響に焦点を当て，高校地理の自然
災害学習を視野に入れた地震災害教材を提案し，「これらの教材は自然災害
に関する理解をより深め，自然と人間との関係すなわち人間生活のあり方・
生き方を再考する教材としても活用可能である」（p.86）と主張した。由井
ほか（2016）はイギリスの中等地理教科書４冊における単元「洪水」の比較
分析を行い，ケース・スタディの手法を用いて学習が展開していること，洪
水の評価や防災のための多様な意見を把握したり，妥協点を模索したりする
ような学習活動が取り入れられていることを明らかにした。この結果を踏ま
えて日本の中等地理学習に対して，他地域の事例を扱い，地域間での災害の

差異などを学習すること，学習者に対して防災に関する見解や価値の獲得を促す学習内容や活動を取り入れること，具体的な防災行動を学ぶ学習活動を設定すること，を提案した。

最後に，防災学習に関する資質・能力や改善の視点を提案したものとして，2件得られた。髙橋（2013）は，水圏環境は自然災害が発生する場となることから，正しい知識をもって，水圏環境に関わる必要性があると主張した。また自然災害の特質や自然災害が人間生活に与える影響には地域性が関係していることから，自然災害と防災を学ぶ際には水圏環境に関わるリテラシーを扱うことが重要であると述べた。山縣（2017）は，災害等の拡大に伴い自然環境の正しい理解が必要とされるが，学校教育では不十分である現状を踏まえ，地形学習の内容の問題点を検討し，自然地理教育の改善のための第四紀学の役割を考察した。そして地理総合の実施にあたり，時間軸に沿った第四紀的な視点を取り入れ地形発達史を理解できるような学習内容を整備すること，このような視点を入れることが地域の災害の理解と将来起こる災害の想定に役立つことを主張した。

まとめると7件の研究は，授業構成，資質・能力，防災学習の改善，教材開発，など多岐にわたっていた。一方で，多くの研究は地理を視野に入れたものであり，取り組まれる領域に偏りが出る結果となった。

3．政府・自治体による政策

本テーマに該当するものは，6件あった。うち3件は政府・自治体の政策を題材に合意形成を学ぶものであった。國原（2017a）は，愛知県議会および名古屋市議会における東海豪雨と東日本大震災に関する議事録を防災学習に活用することを提案した。そこで議事録を用いて，学習者に地方政治や防災に関する興味を抱かせることができるとともに，社会的合意形成を理解させ，資料に基づいて争点を抽出し議論を深めることができる公民的分野と公民科の授業を構想した。また加納・齋藤（2014，2015）は，社会における多くの問題が科学的な知識抜きで議論することはできないという考えから，「合意形成」と「防災教育」をテーマに，公民科と理科（地学）が協働した現代社会の単元「地方自治（リスク社会と災害）」の実践を報告した。実践は，地学の学習をもとに防災における政府の役割について考えを深めるとと

もに，生徒が行政と市民の立場に分かれて，話し合うことで政府の政府の役
割を追究し，他者と合意形成をする方法を学ぶものであった。さらに加納・
齋藤(2015)では，勤務校で実施されるSSH事業での一つである東北スタディ
ツアーと前述の実践を連動させ，社会問題に対して行動・発信できる生徒の
育成を目指し，成果と課題を報告した。

　3件は，実社会で実施された復興政策を扱うものであった。後藤 (2016)
は，非常時対応を強調するほど子どもたちから乖離していく実態を改善する
には，日常においても，「災後社会」を繰り返し考え続けるべきであると主
張した。そこで，被災地の課題の一つである防潮堤建設を「災後社会」を掘
り下げる題材として扱い，「効率」と「公正」の概念から防潮堤建設のメリッ
ト・デメリットを議論し，合意形成を目指す公民的分野の授業を開発・実践
した。住友 (2017b) は，公民的分野の学習指導要領や教科書の分析から，「地
方自治」や「資源・エネルギー問題」「持続可能な社会」などのテーマと関
連づけることで防災学習の実践が可能であると述べ，特に災害や政策の背景
にある「社会構造」および「社会基盤」の問題に迫っていく学習の必要性を
主張した。井上・桑原 (2018, p.21) は，復興政策における税金のあり方に
ついて着目し，「どのような震災復興が望ましいかを考えさせることを通し
て，自らの公正さの判断基準を見直させ再構築していくことを目指した」公
民的分野の単元を開発した。学習過程は神戸ルミナリエの存続問題や東日本
大震災の復興予算流用の問題を題材に，復興予算に多くの税金を使うべきか
否かを学習者に意思決定させるものであった。

　本テーマに該当した研究は，公民を対象に実施されたものであり，防災・
復興政策を題材に，判断基準の再構築，意思決定や社会参加を学ぶことを意
図していた。

４．過去の災害

　過去の災害をテーマとした論文は6件あった。うち，災害史（被災した当
時の社会状況と政府による復興政策の過程）を視点に，授業を提案したもの
が4件あった。住友 (2018) は，先行研究の整理から日本史学における災害
史研究は数多くの蓄積がなされている一方で，歴史的分野における防災は不
十分であることを指摘した。特に「近世の日本」の内容では，当時の大災害

と幕府等の財政や災害復興に関する災害史研究の成果を活かせることから，歴史的分野で災害史研究を取り入れた学習が必要であると主張した。山内（2019）は，歴史学習で市民的資質を育成するためには，「歴史的事象から現代社会に何らかの形でコミットさせる過程を意図的に学習に組み入れる必要がある」（p.1）と述べた。歴史学習に災害対策を取り入れることが，当時の災害対策を通してその時代構造を認識することが可能なること，現代社会に必要な災害対策を想起することで，転移可能な概念獲得ができること，現代社会のあり方を構想する手がかりとなることを主張し，歴史的分野の近世を対象にした単元「災害復興と幕藩体制―富士山，浅間山噴火が社会に与えた影響から社会のあり方を考える―」を開発した。西村（2019）は歴史的類推を基盤とした歴史の教訓に学ぶための授業構成の論理を構築するために，歴史総合を視野に入れた単元「震災復興」を開発した。復興災害という課題に着目した単元は，「ショック・ドクトリンを歴史の教訓として読み取り，その歴史教訓を踏まえて課題の理解や課題解決を図っていこうとするもの」（p.16）であり，市民として一人一人が復興政策を主体的に考えていくことを促すものであった。また伊藤（2020）は，「稲むらの火」を使用した防災学習が国語や地理で特に実践されるなかで，歴史的分野での活用可能性を検討した研究であった。検討の結果から「1段階：広村堤防から江戸時代の社会を知る」，「2段階：江戸の自助・共助・公助と現代の自助・共助・公助を考える」，「3段階：未来の災害に備える」の3つの視点から授業を構成することを提案した（p.23）。

　残りの2件は災害文化に関するものであった。山崎（2016）は，「災害を一時の衝撃としてではなく，復旧・復興，予知・警報期を含め全体としてとらえなおすことが必要であり，それぞれのステージで地域が持つ弱点を把握し，その克服を問うことが課題になる」（p.1）と主張し，このような概念として「災害文化」を示し，災害文化なかに災害学習を位置づけた。社会系教科は，多岐にわたる科目をもつことから災害を多角的に捉えることができ，また小学校から高校に至る社会系教科では地域を介して災害学習を展開できる枠組みが整いつつあり，災害学習に対応できること，「復興期に当たる今日，災害学習の多様な展開が，復興の質をすなわち回復力の内容を形成すること

につながる」（p.12）ことを主張した。國原（2020）は，「都市の自然災害においては行政の工学的手法による対策に偏り，個人やコミュニティが協力して地域単位で考えていくことがむずかしい」（p.4）ことから，避難行動だけでなく，災害文化にも向き合う必要性を主張した。そこで身近な地域の自然災害を題材に，小学校から高校までの社会系教科で災害文化を取り入れた授業展開を検討した。その結果，地理的分野では「社会的条件の内容を加え，防災の取組の変化を学ばせる」ものを，地理総合では「各地の地域性を踏まえた備えや対応と持続可能な地域づくりの側面を重視し，地域の将来像『災害に強い地域をつくるにはどうすればよいか』という学習課題を探究させる」学習を提案した（p.11）。

　本テーマでは，過去の災害やそこから教訓を学び，現在や将来の社会に活かそうとする提案や実践がみられた。とりわけ歴史における防災学習は，近世・近代を視野に入れる点で共通していた。

5．地域づくり・まちづくり

　地域づくり・まちづくりに関する論文は，5件あった。うち防災に関する地域づくり・まちづくりを題材に育成を目指す資質・能力や人間像を検討したものは2件あった。井上（2018）は「自己と他所の意見を比較して，主張の理由を批判的に検討したうえで，両者の違いを保持しつつ他者の納得を得るように，多様な立場を踏まえて自己の意見を再構成する」（p.129）という「同意の調達」を原理とする授業論を開発し，多様な価値観に基づいた意見形成の保障および合意形成を目指す社会科授業論の課題の克服を目指した。そこで地域の防災倉庫を題材に，議論を通じて地域課題への意見形成を目指した地理的分野小単元「伊川防災プロジェクト」を開発・実践した。井上は身近な地域の防災を取り上げた理由の1として，「防災についての多様な価値や考え方を踏まえ，自己の意見を見直すことが，持続可能な地域を構想するためには重要であることに気づかせることができるため」（p.131）と述べた。吉水（2013）は3.11後コミュニティに対する注目が集まっていることに着目した。そこで防災ガバナンスのアクターを育成する必要性を主張し，コミュニティ問題学習の取り上げ方を検討した。前述の目的を達成するために，コミュニティ論，防災ガバナンス，復興コミュニティ論を検討し，その結果を

踏まえ高校地理Aを対象とした授業単元「防災ガバナンスと地域コミュニティ問題」を開発した。

残りの3件は，地域づくり・まちづくりに関する学習内容やその構成の視点を検討したものであった。阿久津ほか（2013）は，現地調査を踏まえて，公民的分野において「当該地域の住民の願いや様々な課題と向き合っていく姿を通して，「個人と社会との関わりから防災を踏まえたまちづくりのこれからの在り方を多面的・多角的に考察する態度を養う」（p.34）ことを目指した防災まちづくり学習を提案した。そして住民の取組を教材化することは，子どもが地域住民として地域へ参加していく態度の形成につながると主張した。また國原（2018）は，2017年版学習指導要領では地理的分野だけでなく公民的分野でも防災が扱われているが，公民的分野における扱いには検討の余地があることを指摘した。学習目標として「自分たちの選んだ議員がまちづくり（防災）に貢献していることを知る」（p.216）を設定し，名古屋市会議事録の中にみられる防災まちづくりに関する内容を活用した地理的分野と公民的分野を射程に入れた授業を構想した。松岡（2020）は，災害はどの地域でも起こりうる可能性が高く，中学生が復興まちづくりのプロセスを知ることは，社会参画という点から重要である述べ，復興まちづくり学習の必要性を主張した。そこで復興まちづくりの取組において復興の目標像を示す総論と被災者の利害関係等に踏み込む各論に着目し，地理的分野単元「地域の在り方」を対象に，総論と各論の両方を組み込んだ授業モデルを開発した。

本テーマに該当する研究では，目標論や内容論に焦点化して研究がなされ，地域コミュニティやまちづくりの主体の育成方略や学習内容が提案された。またこれら5件の研究は，地理と公民でなされるとともに，学習者が暮らす地域や社会への参加・参画を意識した研究でもあった。

6．原発災害

原発災害を扱ったものは4件あった。特に原発災害後の風評被害を扱ったものは，3件あった。白尾（2017）は原発災害後の福島の水産業に焦点を当て，統計分析や地域調査から現状を明らかにし，その結果を踏まえて小学校社会科および地理的分野の授業モデルを提案した。前嶋（2014）は，原発事故と水俣病の類似点に着目し，原発災害後の被害の拡大をいかに防ぐかにつ

いて，水俣病の教訓から学ぶ授業を構想した。構想した授業は公民的分野の「新しい人権（環境権）」に位置づけられ，水俣病の基礎知識や患者の声，水俣病の原因究明に取り組んだ細川一医師の葛藤を理解しながら，被害拡大を防ぐための社会システムを提案する授業を実践した(p.19)。古家(2017, p.69)もまた原発災害と水俣病の類似点に着目し，原発事故により引き起こされた社会的差別と地域コミュニティとの分断を，水俣病をとらえ直す中で，福島の縺れた意図をほぐせないものかと考え，授業を構想した。構想を踏まえ，2014年には公民的分野で，2015年には歴史的分野で，2016年度には社会科と理科の連携で，水俣病やその教訓，当事者性，事件・事故を繰り返さないための行動を考える授業を開発・実践した。

前嶋（2017）は，原発災害による自主避難をめぐる家族の葛藤に焦点を当てたものであった。自主避難者のおかれた状況を理解するために，ロールプレイを用いて家族会議が経験できる教材を開発し，公民的分野において実践した。またロールプレイを通じて得られた理解をもとに，学習者が国や自治体の政策や社会のあり方について自分なりに考えがもてることも視野に入れて，実践された（p.101）。

このテーマに該当した4つの研究は，原発災害の実態を理解させるものや災害後の被害の軽減に向けたあり方を提案させる授業を開発・実践したものであった。とりわけ，このテーマに該当する研究の多くは，公民を視野に入れたものであった。

7．自然災害によるリスクの自覚

本テーマに該当したものは，3件あった。宅島（2015, p.188）は，3.11以降の授業実践は，3.11以前のものと本質的には変わりなく，「正しい知識や技能，態度を身につけることにより，未来を予測し，制御することができるという」ものであり，「自然災害による被害はなくならないという視点からの授業開発は未だ本格検討されていない」と主張した。そこで「社会の災害脆弱性」を，「物理的要因」，「社会的要因」，「環境的要因」，「経済的要因」の4視点から捉え，「自然災害リスク概念」の習得を目指した高校地理の探求型授業を開発・実践した。川野（2018）は，自然災害は避けられないという立場から「アクティブリスクテイカー」の育成を主張した。社会科で育

成する「アクティブリスクテイカー」を，「権威が発する『答え』や『正解』にとらわれず自分自身で決断できる人」と定義し，「リスク・コミュニケーション等のコミュニケーション活動から地域の問題や課題をローカルのスケールまで分析し，深い社会認識を形成しておく必要がある」と述べた（p.161）。そこでリスク・コミュニケーションなどの成果を活用し，高校地理Ａの単元「災害時における市内での戦略的避難計画を考えよう」を開発した。

　また七木田・麦倉（2020）は，近年の大雨災害に対してインフラ整備などのハード面だけでは被害の最小化には限界があるとし，ソフト面で災害の時系列に沿って自分の行動を確認することの必要性を主張した。そこで，地理的分野の授業の中で「マイ・タイムライン」という教材を活用し，その作成を通して，中学校段階で目指される「日常の備えや的確な判断のもと主体的に行動する」という防災教育の目標に寄与しようとした（p.30）。

　本テーマは，自然災害による被害は避けられないという立場から授業を提案したものであり，そこでは自然災害に関するリスク概念の獲得，被害の最小化に向けた意思決定や行動を扱っていた。いずれの研究も地理で実施されたものであった。

8．人々の生きがいや希望

　人々の生きがいや希望をテーマにしたものが１件あった。希望や生きがいをもって生活をしていくことの尊さに気づき，社会参画の芽生えを育む小学校社会科（第５学年）および中学校地理的分野の授業を提案・実践したのが中村ほか（2019）であった。授業づくりにあたり，自分事として考えるために被災を経験した人々の経験や体験を授業へ取り入れることを主張した。

（5）考察

1．中等社会系教科における防災学習の傾向

　50本の論文のレビューから，中等社会系教科における防災学習について，「防災の主体」と「学び方」を視点に表1のような類型化ができる。「防災の主体」は学習者個人に求める立場と学習者を取り巻く社会に求める立場に分けることができる。「学び方」は，防災学習に当たり災害に対する理解やそのための方法（認識）を重視する立場と防災に関わる手続きや行動の（追）

表1　中等社会系教科における防災学習の類型

防災の主体		学び方	
		認識重視	資質・能力重視
防災の主体	個人（の意識）	①例：地域（の災害）の正しい認識→災害時はここが危ないという意識	②例：地域（の災害）の理解を踏まえ，身を守るための意思決定や判断→いざという時の行動
	社会（のあり方）	③例：対策・復興のあり方，災害時の社会の認識→社会制度の批判的検討・活用，政策の妥当性の評価	④例：災害に強い社会に向けた制度の改善・提案→制度のための合意形成などの手続き

資料：筆者作成。

体験，能力の向上（資質・能力）を重視する立場に分けることができる。

　①と②は，学習者一人ひとりの防災意識を高めることを目指す。言い換えれば「自助」が中心となる。①は，正しい地域（の災害）の認識を獲得させることが，個人の防災意識の向上につながるというものである。②の立場は，学習者の身近な地域での災害を想定し，災害発生時の個人の意思決定や行動を学ぶことで，いざという時の対処ができる個人の育成を目指すものである。

　一方③と④は，防災の主体を社会に求めるものであり，主に「公助」が中心となる。③は，過去・現在における社会（政府）の対策・政策を批判的に認識することで，災害時や災害後における社会全体の安全を確保しようとするものである。④は，実際の社会における対策・政策に対する問題提起や改善案を考える過程を学ぶことで，対策・政策を作成するための合意形成といった手続きに関わる資質・能力の獲得を目指すものである。

　基本的に，①や②には主に地理が，③は歴史，③や④には歴史学習および公民学習における防災学習が該当し，一部の地理学習でも④に該当するものがあった（例えば，井上，2018）。このような結果となった背景の一つには，地理，歴史，公民の各領域における学習指導要領の防災に関する記述が関係することが指摘でき，レビュー対象となった多くの論文では，研究背景で学習指導要領における防災の記述に触れ，研究を展開していた。このように，学習指導要領の記述およびその内容に沿う形で，防災学習に関する研究の方

向性が規定される傾向にあるといえる。

２．中等社会系教科における防災学習の課題

　中等社会系教科における防災学習の研究は，特定の分野・科目・単元に偏ってなされていた。分野・科目に関しては，地理を対象としたものが多く，歴史が少なかった。また地理では，「地域調査」に関する単元を対象にしたものが多く，歴史学習は近世・近代を視野に入れたのが多いという結果になった。そして８つのテーマについても，分野・科目で偏りがみられた。このような結果は，中等社会系教科のなかでの防災学習がカリキュラムレベルで定着してきていると解釈できる一方で，防災学習の単元・内容・教材の固定化といった問題が起こりうる可能性がある。

　また防災学習の型は，前節で提示したように４つの類型で整理することができる。各論文の筆者が述べた今後の課題について着目すると，防災学習の改善に当たっては，同じ類型の中で，言い換えれば同じ目標・方法の下で改善しようとするものが多かった。言い換えれば，個々の研究者・実践者のなかで防災学習に関する目標・方法が固定化しつつあり，例えば個人の防災意識を高めようとする研究や実践をすればするほど，社会のあり方を考えるような意識が欠けてしまう可能性がある。

　加えて，冒頭で述べたように防災教育は，事前準備から復興後に至る４つの段階において対応できる行動や能力を育むものである（桜井, 2013, p.152）。しかしながらレビューでは，防災学習の実践は４段階のいずれかの段階に焦点を当てたものが多く，４つの段階をすべて扱った実践は得られなかった。つまり，一つの単元あるいは実践では，４つの段階における行動や能力を育むことは難しいことが指摘できる。

（6）まとめ

　防災学習のさらなる推進に向けて，中等社会系教科ではどのような研究が必要となるのか。本章ではこれまでの結果・考察を踏まえ，２つ目のRQに答える。

　１つが，防災学習に関するカリキュラム研究である。先述のように事前準備から復興後に至る４つの段階を一つの単元や授業で扱うことは難しい。加

えて，一つの防災学習の型にとどまることなく「個人の防災意識の涵養」を目指す防災学習，「社会システムの構築・改善を通した社会全体での防災への備え」を促す防災学習など，異なる防災学習の目標・方法が意図的に配置された中学校，高校，あるいは中等教育全体を視野に入れたカリキュラムのあり方やその授業を検討する研究が必要である。

　2つ目は，防災学習を実践できる教師の力量形成・向上のための研究である。防災学習の実践に当たっては，カリキュラムや教材といった環境の整備とともに，実践の担い手となる教師の存在が重要である。（3）の一般的傾向でも述べたが，レビューした論文の中には，教職志望の学生（國原，2017b；笹田・諏訪，2017；堂前ほか2018；佐々木ほか2019）あるいは現職教員（中村ほか2019）の防災学習に関する授業力向上を視野に入れた研究が5件みられた。例えば学生を対象としたものでは，教科指導法のなかで学生に中・高を想定した防災授業やGISなど防災学習や教材開発に役立つ方法を経験させることで，防災学習の意義や計画方法を理解させていた。

　当然ながら，カリキュラムの開発，教師のとりわけ防災学習に関する力量形成・向上には，防災の専門家，社会科教育の専門家，そして教師の連携が不可欠であるといえる。

　最後に本レビューの限界および課題について言及する。1つが，CiNiiに登録されていない学術雑誌は，レビューの対象とならなかったことである。2つが，日本地理教育学会や日本公民教育学会のような学会が歴史教育の領域では存在せず，そのため歴史を対象とした研究は地理や公民に比べて，おのずと少なくなったことである。3つが，レビュー対象の論文を2011年以降に発行されたものとしたことから，3.11前後における防災学習の共通点・相違点については言及できなかったことである。

【付記】
　筆者が報告すべき利益相反の可能性は存在しない。また本レビューは兵庫教育大学大学院連合学校教育学研究科共同研究プロジェクト「Project: X 近年の自然災害を踏まえた防災，減災教育と学校危機管理の構築」の経費を使用して実施された。

注

1) エディテージ「若手研究者のためのシステマティックレビューの書き方指南」https://www.editage.jp/insights/a-young-researchers-guide-to-a-systematic-review（2020年11月28日閲覧）
2) 例えば『社会科教育研究』の126号（2015年），127号（2016）では，「災害に備える社会科」と題した特集（査読有）が組まれた。

文献

Lane, R. and Bourke T. (2017): Assessment in geography education: A systematic review. *International Research in Geographical and Environmental Education*, 28, 22-36.

Moher, D., Liberati, A., Tetzlaff, J., Altman, D. G. and The PRISMA Group (2009): Preferred reporting items for systematic reviews and meta-analyses: The PRISMA statement. *PLOS Medicine*, 6-7, e1000097.

Petticrew, M. and Roberts, H. (2006): *Systematic reviews in the social sciences: A practical guide*. Blackwell.

桜井愛子（2013）：わが国の防災教育に関する予備的考察—災害リスクマネージメントの視点から—．国際協力論，20-2/3, 147-169.

日本社会科教育学会編（2018）：『社会科教育と災害・防災学習—東日本大震災に社会科はどう向き合うのか—』明石書店.

三橋浩志（2013）：社会科教育における防災教育研究の動向—東日本大震災後の学会誌論文等を中心に—．社会科教育研究，119, 100-110.

文部科学省（2013）：『学校防災のための参考資料「生きる力」を育む防災教育の展開』文部科学省.

レビュー対象文献

阿久津祐一・伊賀航介・小座間聡子・金子悠介・森　賢士・北川智之（2013）：まちづくりのあり方を多面的・多角的に考察する態度を養う公民学習—世田谷区太子堂2・3丁目の防災まちづくりを事例にして—．学藝社会，29, 33-42.

有賀夏希・青木　久（2016）：高等学校地理における自然災害学習に活用可能な教材作成の試み．沖縄地理，16, 79-86.

伊藤佳子（2020）：歴史教材としての「稲むらの火」に関する研究．兵庫教育大学

地理学教室研究報告，25, 13-26.

井上昌善（2018）：「同意の調達」を目指す議論に基づく社会科授業構成—中学校
　社会科地理的分野小単元「伊川防災プロジェクト」を事例として—．社会系
　教科教育学研究，30, 127-136.

井上昌善・桑原敏典（2018）：「公正」さの判断基準の構築を目指す震災学習の授
　業構成—中学校社会科公民的分野「震災復興の問題について考えよう」を事
　例として—．岡山大学大学院教育学研究科研究集録，167, 21-30.

今井英文・神田竜也（2018）：高等学校「地理A」におけるウオークラリー巡検
　の実践的研究—岡山市中心部における防災をテーマとして—．地理教育研究，
　23, 11-18.

岡本真一（2020）：地理領域科目における自然地理学的フィールドワークを活用し
　た授業の意義と指導・評価—生きる力を伸ばし，持続可能な社会の形成者を
　育成するために—．甲南大学教職教育センター年報・研究報告書，2019, 33-
　42.

加納隆徳・齋藤洋輔（2014）：リスク社会と防災—政府は市民の命を守るために合
　意形成できるのか—．東京学芸大学附属高等学校紀要，51, 33-50.

加納隆徳・齋藤洋輔（2015）：リスク社会と防災（2）—生徒の行動を促すカリキュ
　ラムの開発—．東京学芸大学附属高等学校紀要，52, 53-68.

川野将寛（2018）：アクティブリスクテイカーを育成する高校地理防災意思決定学
　習の開発—単元「身近な地域の課題と地域調査」を事例に—．社会系教科教
　育学研究，30, 157-166.

北﨑幸之助（2020）：中学校における旅行者視点の防災・減災教育の実践—神奈川
　県鎌倉市の校外学習を例として—．新地理，68-1, 1-12.

金　玹辰（2014）：香港の地理教育における自然災害の取り扱い—中学校カリキュ
　ラム及び教科書の分析を中心に—．新地理，62-1, 29-43.

國原幸一朗（2015a）：地域的特色と変化を捉えるためのGISの役割—高等学校の
　自然災害学習を通して—．新地理，63-1, 19-38.

國原幸一朗（2015b）：防災教育における高等学校地理の役割—意思決定を促す地
　理情報の活用—．社会科教育研究，126, 1-13.

國原幸一朗（2017a）：地方議会における争点をふまえた公民の授業—東海豪雨と
　東日本大震災を事例として—．名古屋学院大学論集　人文・自然科学篇 53-2,
　93-106.

國原幸一朗（2017b）：フィールドワークを取り入れた「社会科・地理歴史科教育法」
　の授業とその改善—GIS（地理情報システム）の導入—．名古屋学院大学論集

人文・自然科学篇，54-1, 23-46.

國原幸一朗（2018）：地方議会の会議録を利用した防災まちづくりに関する中学校社会科の授業．名古屋学院大学論集 社会科学篇，54-3, 197-222.

國原幸一朗（2020）：社会科・地理の防災学習における災害文化―名古屋市の水害の教材化を事例として―．災害文化研究，4, 4-16.

小谷恵津子（2014）：子どもと社会をつなぎ自律した個人の育成をめざす社会科授業―地理的分野における社会問題の分析とハザードマップの作成をとおして―．社会系教科教育学研究，26, 1-10.

後藤雅彦（2016）：「災後社会」の見方考え方をはぐくむ社会科公民的分野の実践研究―東日本大震災の被災地における防潮堤建設を「効率」と「公正」から問い直す―．公民教育研究，24, 47-58.

權田与志道・今井幸彦（2014）：中学校社会科における防災教育の実践―地理・歴史・公民の分野連携を目指して―．新地理，62-3, 43-60.

佐々木篤史・小岩直人・小瑶史朗（2019）：教科専門・教科教育・教育実践の協働による中学校社会科の授業開発―防災を題材として―．弘前大学教育学部研究紀要クロスロード，23, 13-24.

笹田茂樹・諏訪清二（2017）：「生活圏における防災」について考察する教材の開発研究―社会科・地歴科教育法での授業実践から―．教育実践研究：富山大学人間発達科学研究実践総合センター紀要，12, 139-147.

白尾裕志（2017）：福島の水産業の復興と社会科授業―福島の水産業をテーマにした社会科授業の構想―．社会科教育研究，131, 52-64.

住友　剛（2017a）：中学校社会科における防災学習の可能性（1）―地理的分野の学習内容を中心に―．京都精華大学紀要，50, 4-20.

住友　剛（2017b）：中学校社会科における防災学習の可能性（2）―公民的分野の学習内容を中心に―．京都精華大学紀要，51, 128-145.

住友　剛（2018）：中学校社会科における防災学習の可能性（3）―歴史的分野の学習内容を中心に―．京都精華大学紀要，52, 258-274.

髙橋洋子（2013）：社会科における防災，環境教育と水圏環境教育―船を教育に活用する提案―．水圏環境教育研究誌，6-1, 1-6.

宅島大尭（2015）：探求型社会科による防災教育授業の開発と実践―高等学校地理「なぜ自然災害はなくならないのか」―．教育実践総合センター紀要，14, 185-196.

土田雅代・黛　京子・関根智子（2020）：地理総合に向けたGIS教材の「GISカード」を使用した日本大学鶴ヶ丘高等学校での授業について．地理誌叢，61-1,

13-20.

堂前亮平・高木　恵・篠倉大樹（2018）：地理学における教科教育のための GIS を利用した地域学習—防災をテーマとしたフィールドワークを事例として—. 久留米大学文学部紀要 情報社会学科編，13, 31-42.

永田成文（2015）：防災意識を高める景観の視点を導入した地理教育の授業構成—オーストラリアのナショナルカリキュラムに対応した中等地理単元を手がかりに—. 社会科教育研究，126, 14-26.

中村有佐・細野　歩・内山　隆・酒井多加志（2019）：防災の視点を持つ教員の養成・研修のあり方に向けた基礎的研究—北海道教育大学附属釧路小・中学校の現地調査を基にした社会科授業実践—. 釧路論集：北海道教育大学釧路校研究紀要，51, 35-45.

中村光則（2016）：高校地理における ESD の視点を取り入れた防災単元の開発と授業実践—読図を基盤とした地理学習による社会参画をめざして—. 社会科教育研究，128, 76-86.

中村光則（2019）：システム思考で地域的諸課題を考察する高校地理学習—地域での危険回避を扱う単元「防災」と「防犯」の開発と実践—. 地理科学，74, 158-170.

七木田俊・麦倉　哲（2020）：中学校社会科地理的分野における防災学習に関する検討. 岩手大学教育学部プロジェクト推進支援事業教育実践研究論文集，7, 29-34.

西村　豊（2019）：歴史的類推を基盤とする歴史の教訓に学ぶ授業モデルの開発—単元「震災復興」を事例として—. 社会系教科教育学研究，31, 11-20.

古家正暢（2017）：多様な「意見表明」に価値を見い出す社会科授業の可能性と限界—「東日本大震災」と「水俣病事件」の授業を事例として—. 社会科教育研究，131, 65-75.

前嶋　匠（2014）：福島第一原発事故後の日本において中学生が「被害の拡大を防ぐ社会システム」を提案する授業—水俣病の原因究明に取り組んだ細川一医師の葛藤に着目して—. 公民教育研究，22, 15-29.

前嶋　匠（2017）：福島第一原発事故による自主避難をめぐる家族の葛藤を考える授業実践—原発事故，その時どうする？「留まる／避難する」家族会議—. 社会科教育研究，131, 100-112.

松岡茉奈（2020）：復興まちづくり学習の教材開発—震災後の地域を構想する—. 兵庫教育大学地理学教室研究報告，25, 27-37.

森田浩司（2018）：身近な地域の自然環境と防災—ハザードマップの作図と活用—.

大阪教育大学附属高等学校池田校舎 研究紀要, 50, 29-35.

山内敏男 (2019)：災害対策の分析により社会の在り方を構想する中学校歴史学習の内容構成—江戸時代における噴火災害の復興を手がかりに—. 社会系教科教育学研究, 31, 1-10.

山縣耕太郎 (2017)：地理教育における自然の取り扱いと第四紀学の役割. 第四紀研究, 56, 187-194.

山神達也 (2018)：中学校社会科地理的分野の教科書における自然災害と防災の記述について. 和歌山大学教育学部紀要 人文科学, 68-2, 63-70.

山崎憲治 (2016)：復興の鍵となる災害学習—レジリアントな社会創りに向けて—. 社会科教育研究, 127, 1-13.

山田周二 (2015)：奈良盆地中西部における河川の氾濫による浸水範囲と土地利用との関係—土地利用学習の防災教育への応用の可能性—. 新地理, 63-3, 1-16.

由井義通・阪上弘彬・村田　翔・杉谷真理子・佟亜斎娜・魏　思遥・後藤雄大・都築宏幸・孟　瑜・鎌田祥子・鎌田祐介・迫　有香・中村勇介・橋本訓典・藤本理志・復本真利江 (2016)：イギリスの中等地理教科書における防災学習—単元「河川と洪水」の分析—. 学校教育実践学研究, 22, 79-88.

横井正敏 (2019)：地理教育におけるハザードマップ活用の可能性と課題—木曽三川流域の輪中と河道変遷に焦点をあてて—. 新地理, 67-1, 13-27.

吉水裕也 (2013)：防災ガバナンスのアクター育成としての地理歴史科地理コミュニティ問題学習. 社会系教科教育学研究, 25, 1-10.

2 小学校における事前復興まちづくり学習の実践例
―まちのコミュニティデザインを視点に―

（1）復興する力への着目

　本稿は，中長期的に地域防災の中心となる小学生を対象とした，地域住民を巻き込んだ事前復興まちづくり学習の単元を開発し，人がつながる地域コミュニティのビジョンを描く児童の育成をめざす授業構成を提案するものである。

　2018年6月18日，大阪北部地震が発生した。本校が位置する東大阪市でもかなり強い揺れ（震度4）が起こり，発生時登校中だった子どもたちも，かなり怖い思いをしたようである。しかし，発生から2年が経過し，日常の様子を見ていると，地震後，一度は高まった防災への意識も薄れつつあるように感じる。このような状況は，松岡（2020）が「防災教育が発災直後の避難訓練に偏りがち」と指摘していることから推察すると，本校だけの問題ではないだろう。

　防災教育で育成したい力を，初澤（2018）は，①地域を知り，災害に備える力②発災時に生き抜く力③復興する力の3つで整理している。①や②に関しては，「防災マップの作成」「非常持ち出し袋について」「避難訓練」「地震体験聞き取り」「家の危険箇所探し」等の学習を通して，「自分の命は自分で守る」ことを学ぶ。しかし，③に関しては学ぶ機会が少ない。Edington（2014）は，「災害が生じた後，地域や人々に何が起こり，どのようにコミュニティを再建するのか，いかに生活を回復するのか」という諸問題に注目する必要性を述べているが，このような復興までの長期的な時間スケールに着目した実践例は少ない。

　以上の問題意識にもとづき，本実践では，初澤が述べる③復興する力に着目した授業を検討する。

（2）事前復興まちづくり

　復興に関して，被災前に，災害後のまちづくりの計画を行う事前復興まちづくりの取り組みが行われている。井若ほか（2014）は，「巨大災害の発生が想定されている地域では，住民が主体となり，まちのリスクを受け止め，復興を含めたまちの将来像を共有する事前復興まちづくり計画が必要である」と述べ，「計画立案には地域継承の担い手である若い世代が参加することが望ましい。」と指摘し，学校教育の中で事前復興まちづくりが学習できるプログラムの必要性を述べている。

　一方，災害直後の混乱の中で，生きることが最優先される時期に，まちづくりという重要な決定がスムーズに進められる状況ではないだろう。阪神淡路大震災の際には，神戸市では，震災後，崩れ去った昔ながらのまち並みを広い道路や公園，高層住宅に造り替え，より安全な街をつくろうと計画した地域において，住民の抗議運動が起こっている。Edington（2014）は，「それは，再開発を急ぐ市と，住民との間でうまく調整ができなかった」ためと指摘する。

　以上のことから考えると，防災教育の中で，災害からの復興事例を学び，その事例から得られた認識から，事前復興まちづくりの意義，まちづくりの視点（Edington が述べているコミュニティ等）について学び，事前復興まちづくりに取り組む学習が必要であろう。

（3）コミュニティー人と人とのつながりーをデザインする

　阪神淡路大震災では，コミュニティのあり方が注目された。仮設住宅地の多くが郊外に建てられ，生活の拠点から遠く離れた仮設住宅に，高齢者などの支援を必要とする人々が優先的に入居するという状況が生じたため，仮設住宅地内におけるコミュニティが形成されず，孤立死という社会現象が顕在化したと言われる。孤立死に関して，清水（1996）は，「震災以前にも同様の問題を抱えていたわけであり，震災によって表面化したに過ぎない」と

述べ，「この問題は，住宅復興のようなハード面から，地域住民間の相互扶助といったソフト面まで射程に入れた地域社会のありよう，今後のコミュニティのあり方を左右するきわめて重要な要素を含んでいる。」と指摘している。吉水（2013）も同様の問題意識を持ち，地域コミュニティを防災ガバナンスのアクターの一つとしてとらえ，地域コミュニティの問題を考えさせて，防災ガバナンスのアクターとして育成する高等学校地理歴史科の実践を提案している。具体的には，石巻や神戸市真野地区をケーススタディとして復興事例を学び，その上で，コミュニティを維持するための仮設住宅の配置を考え，発表する取り組みとなっている。

　広井（2009）は，高度成長期に存在した「会社」「家族」「日本」というコミュニティは，これまでのような形では存在しなくなっており，「個人の社会的孤立」という状況をつくりだしていると指摘する。さらに，広井（2019）では，日本の「社会的孤立度」が先進諸国の中でもっとも高いと指摘しており，高齢化・人口減少社会の地域の課題として，コミュニティのありよう，つながりの希薄化や孤独といった問題が浮かび上がると述べている。

　以上の問題点から，広井（2019）は，「このような傾向の強い日本社会での人と人との関係性を，いかに（集団の）ソトに向かって開かれたものにしていくのか」，すなわちどのようにコミュニティをデザインしていくのかということを，基本的な課題としてあげている。

　山崎（2012）は，まちづくりの視点から，人口減少社会において，「まちを賑やかにするためには，斬新な広場のデザインが必要なのではなく，斬新な広場のマネジメントが必要なのである。」と主張し，「住民だけでなく，さまざまな人たちがまちの屋外空間を使いこなすための仕組みをつくることが重要になる。」と述べている。

　災害からの復興をめざす際，安全な場所の建設（例：公園や高層住宅など）や，被害を小さくする方法（例：道路の幅を広くし，緑を増やすなど）というハード面の整備のみでなく，整備したハードで何をして，人と人とのつながりをどうつくるのかというコミュニティをデザインすることも必要になる。本実践では，このコミュニティデザインの考え方を取り入れる。

（4）事前復興まちづくり学習の対象地域（花園本町商店街）

　本実践において，「事前復興まちづくり」計画の対象とするのは，本校の北側に位置し，近鉄奈良線河内花園駅南側，線路と平行に東西に延びる「花園本町商店街」付近を取り上げる（図1）。

　花園本町商店街付近を対象地域としたのは，校区内の商店街ということで子どもたちの日常生活の一部でありなじみが深いこと，一定の範囲に絞り込む方が子どもたちにとって学習がしやすいと判断したからである。

　花園本町商店街では,本校の子どもたちも参加している「七夕笹飾り」「ハロウィンストリート」などの季節の行事や，「100円笑店街」などの取り組みが行われており，地域のコミュニティ形成の中心的役割を担っている。しかし，いくつかの課題も抱えている。1つ目は，全国の商店街でも見られるシャッター街化が進んでいることである（写真1）。行事の際には，多くの人でにぎわうが，日常でのにぎわいとなると課題が残るところである。

　2つ目は，災害，特に地震や火災を想定するならば，建物が老朽化していたり，商店や住宅などが密集していたりするため，阪神淡路大震災で被害が大きかった地域（例えば神戸市長田区など）と様子が似ており,建物の全壊，火災の拡大が予想されることである。

　3つ目は，全国の傾向と同様，地域が少子高齢化問題を抱えていることである。

　以上のことから考えると，花園本町商店街は地域コミュニティ形成に重要な存在であるが,震災では大きな被害を受けるだろうと想定される。しかし，

図1　花園本町商店街の場所（地理院地図電子国土 web2000 分の 1 を加工し筆者作成）

写真1　花園本町商店街の通り（筆者撮影）

地域にとって，いち早く復興することが望まれる場所である。従って，地域に住む人たちで，事前にまちの復興デザインを描いて，共通理解を図っておく必要がある。その視点として，災害に強い商店街にすること，少子高齢化社会に対応した福祉的な性格を持ったコミュニティの中心となる商店街を築くことがあげられ，授業に取り入れて指導していく必要がある。

（5）第6学年単元「事前復興まちづくり学習－災害に強い地域のコミュニティデザインを考えよう－」の授業モデル

１．単元の目標

・まちの復興には，住宅や集会所，公園などのハード面の整備だけでなく，

コミュニティという人と人とがつながるしくみ（ソフト面）も合わせて考える必要があることを理解する。

・災害後の混乱の中では，まちづくり計画を立てることが困難なことから，平時から災害後を見据えたまちづくり計画，事前復興まちづくりの考え方が必要であることを理解し，前例を検討し，実際に計画を立てる。

・地域に存在する課題をもとに，コミュニティを視点とした事前復興まちづくり計画を，ハード面，ソフト面の両面から提案する。

・自分たちの住む地域に関心を持ち，事前復興まちづくりを計画することを通して，望ましい未来のまちの姿を積極的に考えることができる。

2．単元の概要

本実践は，第6学年の社会科（主に政治に関する部分）と東大阪市の独自教科である夢TRY科（総合的な学習の時間）[註1]の防災に関する部分を組み合わせた単元計画を作成した（表1）。

第1段階では，日本で発生している災害について整理し，「いつでも」「ど

表1　第6学年単元「事前復興まちづくり学習－災害に強い地域のコミュニティデザインを考えよう－」の単元計画　　　　　　　　　　　　（全8時間）

段階	時	主発問	主な学習内容
災害時の，国や自治体の取り組みを知る段階	1	日本では，これまでどのような災害が起こっているだろうか。	・日本では，各地で何度も災害が起こっており，多くの人が犠牲になっている。従って，日本ではいつでも，どこでも，だれもが災害にあうと考えておく必要がある。
	2	阪神淡路大震災が起きた時，被災した人々に誰が，どんな支援を行ったのだろうか。	・被災した人々への支援には，個人的に行うボランティア活動や，国や県，市が行うものの支援や心の支援がある。また，NPO団体などの民間組織による支援もある。
コミュニティの必要性に気づく段階	3	復興に向けての課題：ケーススタディ①　阪神・淡路大震災では，なぜ孤独死と呼ばれる現象が増えたのだろうか。	・阪神淡路大震災で供給された郊外の仮設住宅には，高齢者や要援護者から優先で入居したため，住み慣れた場所から遠く離れた，知らない人どうしの仮設住宅地となった。・仮設住宅地で人と人がつながる地域コミュニティが形成されず生活基盤が失われ，孤独死が増えていった。

	4	復興に向けての課題：ケーススタディ② 阪神淡路大震災後の復興まちづくりの成功例から，まちづくりに必要な条件を考えよう。 （神戸市長田区野田北部地区を事例に）	・野田北部地区では，震災前からまちづくり協議会が中心となり，住民によるまちづくりを行ってきた。震災後は社会的弱者を共に助け合うコミュニティ形成を意識したまちづくりがスムーズに行われた。 ・震災直後，避難所での生活等で住民不在の中，行政中心にまちづくりを進めた地域では，住民の同意がなかなか得られなかった例もある。従って，災害前からまちづくりを考えておく必要がある。
事前復興まちづくりを計画・提案する段階	5 6	事前復興まちづくり① ハード面編 「コミュニティ」に着目して，地域の事前復興まちづくりを，ハード面から考えよう。	・住民が主体となり，復興を含めたまちの将来像を共有する「事前復興まちづくり」が必要である。そうすることで，震災直後のまちづくりがスムーズに進む。 ・コミュニティを形成するための施設や公園を作る必要がある。既存の商店街をコミュニティ形成の視点で再建する。緑をふやし，道幅を広げるなどして，住民が集える商店街の作りを考える。
	7	事前復興まちづくり② ソフト面編 「コミュニティ」に着目して，地域の事前復興まちづくりを，ソフト面から考えよう。	・コミュニティ形成ためには，ハード面の整備だけではなく，そこで人が集まり活動するソフト面のしくみをデザインする必要がある。 ・事前復興まちづくりで考えたことは，平時からできるものもある。自分たちが主体となってできることもあれば，地域の大人たちが主体となって取り組むものもある。
	8	事前復興まちづくり③ 提案編 自分たちが考えた事前復興まちづくりをもとに，地域の方々と意見交流しよう。	・自分たちも地域コミュニティの一員であることから，まちづくりの案を出し，実行していく必要がある。 ・すぐに合意形成することが難しいため，行政，住民どうしで時間をかけて丁寧に議論する必要がある。 ・施設を建てるとなれば，土地の所有者との調整が難しく，事前に調整しておくことで，地域の早期再建が進む。

（筆者作成）

こでも」「だれでも」災害にあうことを確認し，災害時の支援のあり方を国
や自治体の取り組み，ボランティアやNPOなどの取り組みに分類し，それ
ぞれの立場でできる支援のしくみについてとらえさせた。また，支援のあり
方を分類したことで，自分たちができる取り組みの範囲に気づくことができ，
その範囲を知っておくことで，スムーズに支援を広げることができることを
学べた。

　第2段階では，コミュニティの必要性について考えさせる。阪神淡路大震
災後になぜ孤独死と呼ばれる現象が増えたのか，神戸市長田区野田北部地区
の復興まちづくりをケーススタディし，復興をめざすまちづくりに必要な条
件とは何かを探究させることで，住民主体のコミュニティの連帯，そのコミュ
ニティをどのように形成していくかを，ハード面，ソフト面の両面から考え
ることが必要であることをとらえさせる。

　第3段階では，第2段階で学んだことをいかし，実際に，花園本町商店街
の事前復興まちづくりを計画させる。自分たちの生活圏である花園本町商店
街が災害で大きな被害を受けた後，災害に強い商店街，人と人とがつながる
商店街へ復興していくためにどのような商店街をめざせばいいのか，ハード
面，ソフト面の両面から提案させる。第5，6時では，第1，2段階で獲得し
た知識をもとに，ハード面での提案を考え，簡単に地図化させた。第7時では，
第6時で考えたハード面で，コミュニティを形成していくためにどのような
ことをしかけていくのか（コミュニティデザイン）を考えさせた。第8時で
は，自分たちが考えた花園本町商店街事前復興まちづくり計画を，花園本町
商店街の会長にプレゼンする場を設定し，自分たちも地域コミュニティの一
員であり，まちづくりの案を出し，実行していく住民の一人であるという実
感を持てる工夫を行った。

３．授業の記録（第6時，第7時，第8時）

$\boxed{第6時}$ 事前復興まちづくり①ハード面の提案

　第6時は，花園本町商店街の事前復興まちづくり計画をハード面からの提
案を考えさせ，簡単に地図化させた。例えば，児童Ａは，現在は東西の一
本通りの商店街であるが，商店街の中心に広場をつくり，花園駅にもつなが
るように南北にも道路を敷設している案を立てた。

また，児童Bは，既存のスーパーやカフェレストランなどを再建した上で，活用されていない建物などを図書館，自由スペースにすることや，災害時に活用できる芝生広場や水辺環境を整える計画を立てた。

　ハード面の提案の中で，多くの子どもたちが，災害に強いという視点で計画に入れていたのが「延焼を防ぐための幅の広い歩道」「火災時に活用できる水辺環境」「避難できる広場」などであった。これは「阪神淡路大震災の際に火災による被害も多かった」という，前時までの学習で獲得した知識を活用した結果であろう。また，「阪神淡路大震災後，コミュニティが形成されず，孤独死と呼ばれる現象が増えた」ということを学んだことで，ハード面の提案の中にも，人が集まれるような場所を計画に取り入れる子どもたちが多かった。「ハコモノをつくれば地域が活性化する」というような単純な発想はなく，阪神淡路大震災という災害に向き合い，そこで起こった事例を認識することで，これから自分たちのまちに起こりうる未来を予測し，その復興を真剣に考える姿を見ることができた。

第7時 事前復興まちづくり②ソフト面の提案

　第7時では，「ハード面を整備すれば，まちは元気になるのだろうか」という問いを設定し，第6時で計画した自分たちのまちづくりを再検討させることから授業を始めた。子どもたちからは，「広場作ったからといって，人が集まるとも限らないし…。」「地元のスーパーで地元食材を売ったところで，

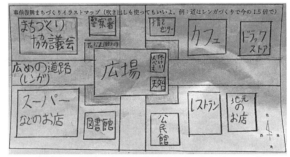

写真2　児童Aの事前復興まちづくりマップ

（災害に強いという意識がレンガ造りの広めの道路，中心にある四方向から入れる広場から見て取れる。星が見ることが好きな児童Aは，コミュニティを築くために，お店で買い物した人たちが広場集まり，星の観察ができる天文台を設置する提案をしている。）

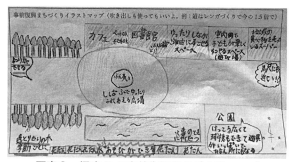

写真3　児童Bの事前復興まちづくりマップ

（まちづくりのテーマを「子どもから高齢者まで」とした児童Bの事前復興計画である。児童Bは，災害に強いという視点で，商店街の中央を通る道路をかなり幅広にし，災害時に避難できる広場や，水遊び広場を設置する案を立てた。さらに，現在もあるスーパーを，地元の食材を売るスーパーとしてリニューアルし，地元農家と住民のコミュニティが形成できるようにしている。）

結局いつもと同じ？」というような，ハード面の整備だけでは限界があることに気がついた意見が出た。そこで，山崎が主張している「人と人とがつながるしくみをつくる」コミュニティデザインの考え方を紹介し，「ハード面を整備しても，人と人とはつながらない」ことを確認した上で，「計画したハード面で，どのようなしかけ（ソフト面）をすれば，人と人とがつながることができるのかを考えよう。そして，ハード面，ソフト面両面から事前復興まちづくりを計画し，花園本町商店街会長さんにプレゼンしよう。」という最終の学習課題を示し，子どもたちに作業させた。

　子どもたちは，前時で考えたハード面で，どんなことをすれば人と人とがつながるのだろうかと考え，iPad の中にあるアプリ「ロイロノート」を活用して，プレゼンの準備を進めた（写真4，5）。

　コミュニティを形成するための提案として，例えば，ハード面として考えた公園では，本校区が高齢化していることと合わせ，本校体育委員会によるラジオ体操会を開催し，高齢者に来ていただくことを考える子どもがいた。ラジオ体操で体を動かして健康を増進し，体操に参加していただいた人にスタンプを押し，スタンプがたまれば商店街の商品券と交換して，商店街で買い物してもらい，地域とのつながりをつくろうという提案である。また，今

 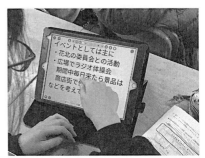

写真4　プレゼン作成の様子①
ハード面で提案した広場にどのように人を集めるか考えているところ。

写真5　プレゼン作成の様子②
ソフト面の強化という視点で，自分の考えをまとめている。

からできるコミュニティづくりを意識して，本校子どもたちと地域の人とたちでゴミ拾いを提案する子どももいた。災害に強いコミュニティを築くために，今からできることもあることに気がついたようである。さらに，このようなまちづくりを進めていくためには，地域住民の意見を取り入れ，みんなが納得するまちづくりにしなければならないとまとめている子どももいて，阪神淡路大震災を事例に学んできたことから，地域に住む人々で進める事前復興まちづくり必要性を再確認している様子も見受けられた。

第8時　事前復興まちづくり③提案編

　単元の最後に，花園本町商店街の会長さんにご来校いただき，子どもたちが計画した「花園本町商店街の事前復興まちづくり」を聞いていただき，ご意見交流する時間を設定した。（本来ならば，商店街の方々や自治会の方々にも参加していただきたかったが，コロナ禍での授業であったため，商店街会長さんに代表して参加してもらった。）。

　商店街の会長さんを目の前にして緊張している子どもたちであったが，ロイロノートで作成したプレゼンシートを電子黒板に投影し，一生懸命発表していた（写真6, 7）。プレゼンを聞いた会長さんからは，「ぜひ，提案してくれたような商店街をつくっていきたい。」「みなさんと一緒に，活動できたらうれしい。」などの言葉をいただき，子どもたちは，地域コミュニティの一員だということを自覚でき，素直に喜んでいた。

写真6・7　ロイロノートと電子黒板を活用して，花園本町商店街事前復興まちづくりのプレゼンを行っている様子

花園本町商店街事前復興まちづくりプレゼン例

　私が考えたまちづくり計画は，コミュニティを意識し，人々のつながりがたくさんある商店街です。いざ，地震が起きたときに，人々が助け合える事前復興まちづくりです。では，実際に見ていきましょう。

　まず，商店街の建物は離して建て，火災が燃え移らないようにしています。この中央に設置した広場は，四方向からだれでも入ることができます。中にはベンチもあり，座りながらコミュニケーションを取ることができます。風景もよく，気軽に立ち寄ることができます。

　ソフト面では，商店街のごみ拾いデーを計画しています。小さい子から高齢者まで一つになってごみを拾います。ごみ拾いをする中で，お互いおしゃべりをしてコミュニケーションを取ることができますね。最後に，お茶をくばり，広場で飲むとさらにコミュニケーションが深まりますね。

　広場では，季節にちなんだ伝統を感じるイベントを，高齢者の方々に企画してもらいます。子どもたちと高齢者がつながるイベントです。また，この広場では，体育委員会によるラジオ体操会を開催します。スタンプラリーのようにして，参加するとスタンプがもらえ，スタンプがたまると商店街使える商品券と交換して，商店街で買い物してもらいます。

　このようにハード・ソフト面でも強いコミュニティを意識した商店街を提案します。これで私の考えた事前復興まちづくりの発表を終わります。

（6）成果と課題

　本稿では，地域住民を巻き込んだ事前復興まちづくり学習の単元を開発し，コミュニティを視点としたまちづくり計画を立てることを通して，人がつながる地域コミュニティのビジョンを描く児童の育成をめざす授業構成について論じてきた。本研究の成果は以下の2点である。

　1点目は，阪神淡路大震災をケーススタディとした，災害からの復興事例を学び，その事例から得られた知識を活用して，事前復興まちづくりを行う単元を開発し，実践を行ったことである。具体的には，震災前から住民どうしでまちづくりに関する共通認識しておくことや，社会現象となった孤独死の原因を探究する中で，ハード面の整備だけでなく，コミュニティの必要性を学び，その知識を活用し，実際に，花園本町商店街を例に事前復興まちづくりに取り組んだ。

　2点目は，子どもたち自身が考えた事前復興まちづくり計画を，地域住民（今回はコロナ禍であったため，商店街会長のみの参加であったが）と共有する時間を設定できたことである。考えた事前復興まちづくり計画を聞いてもらう中で，地域コミュニティの一員としての自覚を持つことができた。このことは，今後，さらに自分たちの住む地域に関心を持ち，進んで地域と関わろうとする意欲につながるものとなる。

　なお，本実践をさらに改善していくために，以下の点を課題としてあげておきたい。

　今回の事前復興まちづくり計画は，子どもたちが案を出すにとどまっている。実際には，例えば，施設を建てるとなれば，土地所有者との調整など，すぐに合意形成することが難しい。そのことを学ぶために，行政，住民，土地所有者という立場でロールプレイを行うなど，事前復興まちづくりは，時間をかけて丁寧に議論する必要もあることを学ぶ場面を設定する必要があるだろう。

註
(1) 令和元年度から本格実施された3年生から6年生までの独自教科である。市
　　共通の夢 TRY 科 15 時間と，学校裁量（本校では iTRY と名付けている）55

時間を合わせて年間 70 時間の内容となっている。

引用文献

井若和久, 上月康則, 山中亮一, 渡會健詞, 原慧, 杉本卓司, 佐藤康徳, 近藤貴史（2014）
　事前復興まちづくり計画に関する中学区用プログラムの開発とその評価, 土
　木学会論文集 B2（海岸工学）70-2, I-1366 － I-1370.

清水亮（1996）震災復興とインナーシティ問題─住宅政策の視点を中心に─, 年
　報社会学論集 9, pp.25-34.

日本社会科教育学会編（2018）『社会科教育と災害・防災学習』明石書店, pp.5-
　11.

広井良典（2009）『コミュニティを問いなおす─つながり・都市・日本社会の未来─』
　筑摩書房, pp.9-27.

広井良典（2019）『人口減少社会のデザイン』東洋経済新報社, pp.80-90.

松岡茉奈（2020）復興まちづくり学習の教材開発─震災後の地域を構想する─,
　兵庫教育大学地理学・地理教育研究室研究報告 25, pp.27-37.

真野洋介（2006）多主体連携により生み出される第 3 のフィールド─10 年の経験
　から─, 『復興まちづくりの時代─震災から誕生した次世代戦略─』建築資料
　研究社, pp.38-45.

山崎亮（2012）『コミュニティデザインの時代─自分たちで「まち」をつくる』中
　央公論新社, pp.12-22.

吉水裕也（2013）防災ガバナンスのアクター育成としての地理歴史科地理コミュ
　ニティ問題学習, 社会系教科教育学研究第 25 号, pp.1-10.

Edgington, D.W. 著 香川貴志・久保倫子訳（2014）『よみがえる神戸─危機と復興
　契機の地理的不均衡─』海青社, pp.37-58.

3 「危機社会」における小学校社会科防災学習の授業開発
—第5学年「我々は自然災害にどう立ち向かえばよいのか！」の場合—

佐藤　克士

（1）研究の目的

　近年，わが国の自然災害の状況は，「数十年に一度」や「誰も経験したことがない」などの言葉とともに，毎年のようにメディアを通じて流れてくるようになった。今日の地震や豪雨をはじめとするわが国の自然災害の特徴は，規模的に強大で苛烈になる場合が多く，さらにこれまでのように特定の地域で単発的に発生するのではなく，全国各地で，しかも連続的に発生している点にある。東日本大震災発生時，「想定外」という言葉がしばしば使われたが，近年の自然災害もまた年々その脅威が増大し，これまで想定されていたレベル・内容をはるかに上回る被害が各地で続発している。こうした近年のわが国の自然災害に対応するためには，今日の社会を「危機社会」であるとの認識に立ち，これからの防災のあり方や防災教育について検討していく必要性が指摘されている（山口，2013）。

　本稿では，日本における近年の災害の規模や様相を踏まえた上で，このような社会を「危機社会」と規定し，その認識形成をめざす小学校社会科防災学習の授業プランを提案することを目的とする。

（2）現代社会において求められる社会科防災学習

　山口（2013）は，近年の災害の特質について，想定外・大規模（激化）・連続的・常態化の四点を挙げた上で，このような特質を背景に，多くの人々に恐怖感が広がり，日常的に緊張感，切迫感，切実感をもって身構えている現実を指摘している。また，このような現状を踏まえ，近年の災害の特質を

168

認識するためには，藤原（2012）が提示した枠組み（フレーム）が参考にな
ると論じた。具体的には次の二点である。第一に，災害を「危機社会」現象
として捉えることである。藤原（2012）は，「危機社会」について，危機が
構造として社会に内在しているがゆえに，危機的な社会状況として現象し，
態様は異なるが危機としての現前は継続的なものとなり，「日常化」してい
ると主張している。そして第二に，「危機社会」の理解には，「現象としての
危機」と「構造としての危機」の2つの視点から社会認識が不可欠であると
の指摘である。藤原（2012）によれば，「地震や津波の災害は，発端が自然
現象であっても，人間社会に現象するかぎりにおいて，それは必ず社会的な
危機として現れる。（中略：佐藤）地震・津波・洪水等の現象により，安全・
安心が脅かされている『現象としての危機』が起こるだけでなく，その事象
が起きている現代日本の社会構造により，災害の規模や影響の面で，危機の
現れ方が異なってくるということである」と指摘している。今日の災害の特
質及び災害に対する人々の現実を踏まえるならば，災害を単に自然・環境的
側面（「現象としての危機」）のみならず，社会的側面（「構造としての危機」）
の両面から捉えさせることがその本質を認識する上で重要であろう。このよ
うな考え方は，近年，災害研究の分野で注目されている災害社会学の主張と
も符合する（大矢根ほか編著，2007）。しかし，このような発想に基づく社
会科授業は，これまで開発されていないのが現状である。

（3）学習指導要領及び教科書に基づく小学校社会科防災学習の特質と課題

　2011年に発生した東日本大震災以降，わが国では防災教育・防災学習を
充実させる動きが見られる。例えば，文部科学省（2013）は，『学校防災の
ための参考資料「生きる力」を育む防災教育の展開』において幼稚園から高
等学校までの発達段階に応じた防災教育の目標を策定し，その実現に向けた
具体的な方向性を示している。また，『小学校学習指導要領（平成29年告
示）解説社会編』（以下，学習指導要領と示す）では，中央教育審議会の方
針（「将来につながる現代的な諸課題を踏まえた教育内容の見直し」）を受け，
防災に関する学習内容の再編や防災に関する文言の追加が行われ，防災学習

の充実が図られた（文部科学省，2018）。

　このような動向を踏まえ，学習指導要領及び準拠版小学校社会科教科書（以下，教科書と示す）では，上述した今日の災害の特質を踏まえ，「危機社会」に対応した防災学習となっているのだろうか。ここでは，学習指導要領及び社会科教科書の分析を通して，それらに基づき構想・展開されるであろう防災学習の特質と課題を明らかにする。小学校学習指導要領では，これまで以上に防災教育の充実が図られ，第5学年で扱われていた防災学習の内容が，第4学年と第5学年に再編された。第4学年では，目標・内容ともに「自然災害」に関する文言が明記され，内容（3）において「自然災害から人々を守る活動」が新設された。本単元では，地震災害や津波災害，風水害，火山災害，雪害などの中から，過去に県内で発生したものを取り上げ，行政による防災情報の発信，避難体制の確保などの働き，自衛隊など国の機関との関わり，地域の関係機関や人々の活動（対処や備え）を中心に調べ，地域社会について理解することが求められている。一方，第5学年では，「自然災害」が「森林の働き」と切り離され，「自然災害」「森林の働き」「公害の防止」の三項目で内容（5）「我が国の国土の自然環境と国民生活との関連」が示された。本単元では，国内で発生する様々な自然災害を取り上げて，国土で発生する災害の種類や発生の位置や時期等の国土の自然災害の状況を捉えることを通して，自然災害は国土の自然条件などと関連して発生していることや，自然災害から国土を保全し国民生活を守るために国や県などが様々な防災対策や事業を進めていること等について理解することが求められている。このような内容を踏まえ，教科書ではどのように構成になっているのだろうか。わが国でシェアの高い教科書を確認してみると，第4学年では，身近な地域で発生した自然災害を取り上げ，地域住民や関係諸機関の組織的な取り組み（工夫や努力）について具体的に調べたり，身近な地域で今後起こりうる災害に対して，必要な備えや自分たち（学習者）ができる減災対策について考えさせたりする構成となっている。一方，第5学年では，国土の自然条件と自然災害の種類を位置と時期に着目して調べることを通して，防災，減災に向けた行政の取り組みについて理解する構成となっている。

　このような学習指導要領及び教科書に基づく防災学習の課題として，次の

二点が指摘できる。

　第一に，自然災害の種類とその対策についての理解が中心となっているため，自然災害の網羅的な学習に陥りやすい点である。教科書では，第4学年で「家庭が行うべき地震対策」「学校が行っている地震対策」「市役所が行っている地震対策」「市や住民が行っている地震対策」「住民同士が行っている地震対策」，第5学年で「地震の発生場所とその対策」「津波災害の発生時期とその対策」「風水害の発生時期とその対策」「火山や大雪の対策」について学習する構成になっている。これらの内容構成は，具体的に「どのような場所でどのような自然災害が起こっているか」や「自然災害の被害を小さくするために各自治体，組織ではどのような対策を行っているのか」といった問いを追究することを通して自然・環境的側面（「現象としての危機」）に関する理解をめざすものである。一方，そのような災害がどのような規模で，なぜ生じたのか，その結果，人々にどのような影響がもたらされたのかといった「構造としての危機」の側面から災害を捉えさせる展開となっていないことが課題として指摘できる。またこのような課題は，岩田（2001）の知識論を基に論じれば，「How型」の問いによる社会事象の事実理解に留まらず，「Why型」の問いによる社会事象間の因果関係的な理解をめざす学習へと改善すべきである。

　第二に，自然災害の被害を小さくするための国や県による公助の取り組みを理解させることに重点が置かれ，それら公助の取り組みを無批判に受け入れる態度育成の危険性を孕んでいる点である。具体的には，第5学年の単元冒頭に学習問題として「自然災害は地形や気候とどのようなかかわりがあり，国や都道府県などでは，どのような防災の取り組みを行っているのでしょうか」と示されているように，防災に関する人々の取り組みや工夫，努力について，調べ活動を行ったり，防災関連機関の職員にインタビューしたりする等して，その取り組みを共感的に理解することを通して，無批判に公助の取り組みを受容する学習が推測される。社会科教育の目標が公民，すなわち主権者として求められる資質・能力の育成を標榜するならば，無批判に公助の取り組みを受容させるのではなく，むしろ「なぜ，そのような取り組みを行うのか。また，その取り組みは妥当なのか」といった政治（公助）が下した

判断（方針）について，その意図や意味，目的や妥当性を批判的に吟味・検討できる資質・能力の育成をめざすべきであろう。また，このような資質・能力の育成を児童・生徒に保証することが，社会科教育として果たしうる，総務省（2017）や文部科学省（2016）がめざす主権者教育の理念に適うものである。今後一層，防災教育・防災学習への期待や重要性が増大し，主権者教育の重要性が指摘されている中で，このような発想に基づく授業開発が急務である。

　総じて，学習指導要領及び教科書の分析の結果，これらの論理に基づき構想・展開されるであろう防災学習は，①事実理解をめざす問いの追究による「現象としての危機」理解に留まる防災学習，②公助の無批判的受容に重点を置いた防災学習の二点が特質・課題として指摘できる。これらの課題を改善するためには，①因果関係的理解をめざす問いの追究による「現象としての危機」と「構造としての危機」の両面からの理解を保障する防災学習，②公助の批判的吟味・検討に重点を置いた防災学習の二点を授業開発の視点として，授業を構想することが今日の災害の特質を踏まえ，「危機社会」に対応した主権者教育としての社会科防災学習となりうると主張したい。

（4）「危機社会」に対応した小学校社会科防災学習の単元開発

　ここでは，上述した授業開発の視点に基づき，第5学年単元「我々は自然災害にどう立ち向かえばよいのか！」を提示する。

１．単元について

　本単元では，「自然災害は国土の自然条件などと関連して発生していることや，自然災害から国土を保全し国民生活を守るために国や県などが様々な対策や事業を進めていることを理解させること」が求められている。日本は，地震や火山の多い環太平洋火山帯に位置しており，気候的にも季節の変化が大きく年降水量多い（梅雨や台風などの時期には集中豪雨なども起こりやすい）ため，世界でも有数の自然災害（地震，噴火，洪水，豪雪）が多い国である。本単元では，これらの自然災害を未然に防いだり，被害を最小限に抑えたりするために，国や地方自治体がどのような取り組みを行っているのかについて，洪水を事例に構想する。洪水を事例として取り上げる理由は，

三つある。

　第一に，近年，都市部では集中豪雨による都市型洪水の被害が増加しており，深刻な問題となっているからである。都市部では，ひと度，局地的に短時間の多量の雨が降れば，地上と合わせて地下空間にも甚大な被害が予測されている。とりわけ都内東部（江東区・江戸川区・墨田区・荒川区など）の「海抜ゼロメートル地帯」では，「200年に一度の大雨」に見舞われた場合，浸水の深さは最大で5m，被害想定は死者約7,600人，孤立者80万人以上に上ると予測されている。すなわち，都心部の住民にとって洪水は身近で深刻な予測できない重大な問題である。

　第二に，上述した被害を最小限に抑えるために東京都は，関係機関（気象庁・消防庁・総務局・都市計画局・建設局・下水道局など）と連携を図りながら，即効性のある対策を実施しているからである。例えば，ハード面としては，河川・下水道の整備をはじめ，堤防の補強工事を行ったり，緊急車両（水陸両用車）を導入したりしている。一方，ソフト面では「東京都豪雨対策基本方針」を策定したり，「洪水ハザードマップ（浸水予想区域図）」を作成したりしている。また，洪水時の緊急避難スペースを確保するため（ビルの高さ制限に対する）建設基準を緩和したり，集中豪雨を想定した避難訓練を実施したりもしている。このような様々な洪水対策について，その特色や意味を考えさせることにより，関係機関同士の連携（協力）や，行政−市民との相互の関連などを理解させることができる。

　第三に，洪水被害を最小限に抑えるために行っている取り組みが，他方で課題や問題を抱えながら行われている現実をリアルに実感させることができるからである。例えば，江戸川区では洪水対策の一環としてスーパー堤防を建設する際，立ち退きをめぐり地域住民と区の対立が起こった。また荒川流域では，荒川にかかる都内4つの橋付近で橋が障害になって堤防の改良工事ができず，豪雨の際，この場所から洪水が起きる可能性があることが問題視されている。このように行政が講じた洪水対策によって生じた課題や問題を取り上げ，その原因や影響を分析させたり，解決策を考えさせたりする学習を行うことにより，それらの課題や問題をついて多角的に考えたり，合理的に意志決定したりする能力の育成に寄与することができる。

2. 単元の目標

○国や東京都は，洪水などの自然災害を未然に防いだり，被害を最小化するために様々な対策や事業を進めたりしていることを理解することができる。 (知識・技能)

○国や東京都が防災・減災のために進めている様々な対策や事業の特色やの意味について，その意味や効果などを多角的に考え，判断することができる。 (思考・判断・表現)

○国や東京都の取り組みを多角的に考察することを通して，これからの防災・減災のあり方について考えることができる。

(主体的に学習に取り組む態度)

3. 単元の概要（全7時）

　第1時では，教科書や資料集をもとに，過去にわが国で起こった災害状況を調べさせる。その際，なぜ，その自然災害がその場所で起こったのか，「火山と地震の震源の位置」や「（ある特定の地域の）月別降雨量」など，地形的条件や気象的条件と関連づけて捉えさせるようにする。

　第2時では，今後，（自分たちの住む）東京都では，どのような災害が予測されているのか，東京都防災HPや市区町村が作成している「洪水ハザードマップ」などをもとに理解させる。

　第3〜4時では，近年，都市部において集中豪雨による都市型洪水の被害が増加している現実を踏まえ，洪水災害に対して，国や東京都（区を含む）がどのような取り組みをしているのか，市区町村の防災学習センターへの聞き取り調査を通して理解させる。ここでは，どのような主体が，どのような目的で，どのような取り組み（事業）を行っているのか，またどの程度の被害を想定して行われているのかについて，具体的事実をもとに捉えさせるとともに，その妥当性について検討させる。

　第5〜6時では，江戸川区のスーパー堤防建設事業や荒川流域の堤防改良工事を事例に，行政の洪水対策が様々な課題や問題を抱えながら行われている事実について，新聞記事をもとに捉えさせる。具体的には，「それぞれの事案でどのようなことが課題や問題となっているのか」，「それは誰にとっての課題や問題なのか」，「（それらの課題や問題に対して）どのような解決策

表1　単元「我々は自然災害にどう立ち向かえばよいのか！」の授業構想

時	■学習活動	○教師の主な指示・発問	資料
1	■過去に日本で起こった災害（被害を含む）について調べる。	○日本では，これまでどのような場所で，どのような災害が起こっているのだろうか。 ○どうして，日本では，地震だけでなく，台風や洪水，大雪や津波，噴火などの自然などの自然災害が多く起こるのだろうか。	① ②
2	■今後，東京都で予測されている災害（被害規模を含む）について調べる。	○今後，東京都では，どのような地域で，どのような災害（被害規模を含む）が予測されているのだろうか。	③ ④
3 4	■洪水被害を最小化するための国や東京都や取り組みについて，区内防災学習センターに聞き取り調査を行う。	○洪水被害を最小化するために，国や東京都は，どのような取り組み（目的を含む）をしているのだろうか。 ○国や東京都が行っている洪水対策は，どの程度の被害を想定して行われているのだろうか。また，これらの取り組みは洪水対策として妥当なのだろうか。	⑤ ⑥
5 6	■江戸川区のスーパー堤防事業や荒川流域の堤防改良工事の課題や問題点について調べる。	○国や東京都が取り組んでいる洪水対策は，順調に進んでいるのだろうか。 ○江戸川区のスーパー堤防事業や荒川流域の堤防改良工事は，どの程度の被害を想定して行われているのだろうか。	⑦ ⑧ ⑨
7	■荒川流域の堤防改良工事の妥当性やそこで生じている課題や問題の改善策について考える。	○荒川流域で，現在，実際に進められている取り組み（堤防改良工事）は妥当なのだろうか。 ○荒川流域の堤防改良工事によって行政と地域住民との間で生じている課題や問題を解決するためには，どうすべきか。	

【資料】
① 北俊夫ほか（2019）：『新しい社会5年下』東京書籍，pp.102-103.
② TOSS社会科研究会編（2020）：『社会科資料集5年』正進社，pp.120-121.
③ 東京都防災HP（URL：https://www.bousai.metro.tokyo.lg.jp/taisaku/index.html.）
④ 東京都建設局「東京都浸水予想区域図」（URL：https://www.kensetsu.metro.tokyo.lg.jp/jigyo/river/chusho_seibi/index/menu02.html）
⑤ 練馬区立防災学習センター（見学を想定）.
⑥ 北俊夫ほか（2019）：『新しい社会5年下』東京書籍，pp.108-109.
⑦ 前掲④.
⑧ 『朝日新聞』2013年9月19日朝刊29面「荒川堤防4カ所高さ不足」.
⑨ 『朝日新聞』2014年9月21日朝刊37面「強制排除の苦い後味」.

が考えられるか（考えられているか）」について情報を整理したり，それらを基に考えを深めさせたりする。

　第7時では，荒川流域の堤防改良工事を事例に，「現在，実際に進められている計画案は妥当なのか」や「行政と地域住民との間で生じている課題や問題を解決するためには，どうすべきか」について行政と地域住民の二つの立場や予想される影響・効果などを踏まえながら考察（意志決定）させる。

（5）結論

　本稿では，今日の災害の特質を踏まえ，「危機社会」に対応した主権者教育としての社会科防災学習の具体として，小学校第5学年単元「我々は自然災害にどう立ち向かえばよいのか！」の授業構想について論じた。その特質は，①因果関係的理解をめざす問いの追究による「現象としての危機」と「構造としての危機」の両面からの理解を保障する防災学習，②公助の批判的吟味・検討に重点を置いた防災学習の2つの視点を組み込んだ授業を開発した点にある。今後は，構想した授業の有効性について，実践を通して検証するとともに，洪水以外の事例について授業プランを開発することが課題である。

引用文献

岩田一彦（2001）：『社会科固有の授業理論・30の提言―総合的学習との関連を明確にするための視点―』明治図書，pp.40-51.

大矢根淳・浦野正樹・田中淳・吉井博明編（2007）：『災害社会学入門』弘文堂，279p.

総務省（2017）：主権者教育の推進に関する有識者会議　とりまとめ，総務省HP（閲覧日：2020年9月10日）〈URL〉https://www.soumu.go.jp/main_content/000474648.pdf.

藤原孝章（2012）：時事問題学習の内容に関する一考察―危機の二重性と社会科―，『同志社大学教職課程年報』，1，pp.32-43.

文部科学省（2013）：『学校防災のための参考資料「生きる力」を育む防災教育の展開』.

文部科学省（2016）：「主権者教育の推進に関する検討チーム」中間まとめ〜主権

者として求められる力を育むために〜，文部科学省 HP（閲覧日：2020 年 9 月
12 日）

〈URL〉https://www.mext.go.jp/a_menu/sports/ikusei/1369157.htm.

文部科学省（2018）：『小学校学習指導要領（平成 29 年告示）解説社会編』日本文
教出版，pp.58-62，pp.91-96.

山口仁久（2013）：防災教育と社会科教育，『四天王寺大学紀要』，56，pp.297-318.

4

都市型内水氾濫に対応した内容を追加した小学校における水害防災教育プログラムの開発

川真田　早苗

（1）はじめに

　近年，河川から離れている都市や新興市街化地域において都市型の内水氾濫（以下都市型内水氾濫と示す）が頻発している。都市型内水氾濫は河川からの距離に関係なく不浸透域[1]に該当する雨水が浸透しないアスファルトやコンクリートで覆われた都市や市街地で発生する[2]。平成29年改訂小学校学習指導要領理科第4学年「雨水の行方と地面の様子」では，内水氾濫に関する学習をするが児童の多くは河川近くの低地で水害が発生すると理解している。この原因は，平成29年小学校学習指導要領理科では浸透域[3]に該当する雨が浸透する土などで構成されている地表面のみを学習対象としているからである。また，外水氾濫と内水氾濫に関する学習内容が取り扱われているが，都市型内水氾濫に関する学習内容が取り扱われていないためである。外水氾濫に関しては，平成29年の小学校学習指導要領理科の第5学年「流水の働きと土地の変化」で取り扱われている。一方，内水氾濫に関しては，先にも述べたように，平成29年の小学校学習指導要領理科の第4学年「雨水の行方と地面の様子」で取り扱われているが，ここでは，雨が浸透する地表面おける水の流れ方やしみ込み方を理解させる学習内容となっている。都市型内水氾濫の理解を図るためには，水が浸透しない不浸透域の地表面における水の流れ方やしみ込み方ついての学習が必要であるが，それは取り扱われていない。そこで，本研究では，都市型内水氾濫から命を守る能力を児童に育成するために，第4学年「雨水の行方と地面の様子」の内容に，水が浸透しないアスファルトやコンクリートで覆われた不浸透域の水の行方に関す

178

る内容を加え，水害防災教育プログラムを開発することを目的とする。

（2）都市型内水氾濫の発生原因と現状

　自然災害は素因に誘因が作用することによって発生する。誘因とはその災害を引き起こす原因となった自然現象で，素因とは被害を受ける場所の地形や状態である[4]。都市型内水氾濫の誘因は局地的大雨や集中豪雨などである。気象庁（2020）は，地球温暖化により都市型内水氾濫の誘因となる大雨の頻度が増加し，強度が増大すると予測している[5]。一方，都市型内水氾濫の素因は，緑地の減少と舗装や建物などによる人工的被覆面が拡大したことである。具体的には，アスファルトやコンクリート等の舗装，建物の密集，中小河川の暗渠化等が挙げられる。アスファルトやコンクリート等で覆われた地表面に大雨が降ると，雨水は道路を水路のように流れ，一気に下水道や中小河川に流入し，排水処理機能がこれに追いつかなくなり，道路や低地の冠水，家屋の浸水が発生する。したがって，コンクリートに覆われた都市部や市街化地域は都市型内水氾濫が発生しやすい。国土の利用区分別面積の推移は，2018年には，水がしみ込む農地と原野等の合計面積は1963年の約0.7倍に減少しているが，水がしみ込まないアスファルト舗装の道路と宅地（工業用地を含む）の合計面積は1963年の約2.1倍に増加している[6]。このように，2018年には，水がしみ込まない面積が1963年の約2.4倍に増加したことに伴い，都市型内水氾濫による水害被害額も増加している[7]。今後も都市的土地利用や郊外住宅地開発による市街地は拡大していることから[8]，都市型内水氾濫のソフト面・ハード面の対策は全国の課題である[9]。

（3）小学校学習指導要領理科における都市型内水氾濫の素因の理解を図る内容

1．都市型内水氾濫に関連する内容

　昭和33年から平成29年改訂までの小学校学習指導要領理科における都市型内水氾濫に関連する地表面の構成物（表1），観察の視点（表2）を抽出した[10]〜[16]。

　まず，昭和33年から平成29年改訂までの小学校学習指導要領理科で取り

表1　地表面の構成物（○内の数字は実施学年）

構成物 / 改訂年	土	小石	礫	砂	粘土	泥	火山灰	岩石堆積岩
昭和 33 年				⑥	⑥			⑥
昭和 43 年				③	③			
昭和 52 年	③	③	⑥	③⑥	③⑥		⑥	⑥
平成 元 年	③	③		③⑥	③⑥		⑥	⑥
平成 10 年			⑥	⑥	⑥		⑥	⑥
平成 20 年			⑥	⑥	⑥		⑥	⑥
平成 29 年	④		⑥	⑥		⑥	⑥	
取り扱い合計	3	2	4	9	8	1	5	5

表2　観察の視点

視点 / 改訂年	地下水	水のしみ込み方	粒の大きさ
昭和 33 年			
昭和 43 年	⑥	③	③
昭和 52 年		③	
平成 元 年		③	
平成 10 年			
平成 20 年			
平成 29 年		④	④
取り扱い合計	1	4	2

扱われていた地表面の構成物について述べる。取り扱い回数は砂が最も多く，粘土，火山灰と岩石（堆積岩），礫，土，小石，泥の順であった。砂，粘土，火山灰，礫，土，小石，泥からなる地表面は構成物間に隙間が生じるため水が浸透する。一方，岩石（堆積岩）からなる地表面は水が浸透しない。それは圧密作用，膠着作用により粒子間の隙間が埋められるからである。

　次に，観察の視点について述べる。観察の視点は小学校学習指導要領理科の表記に従う。

　観察の視点は，水のしみ込み方が最も多く，手触りと混じり方と粒の大きさ，粘り気と続く。土や砂の観察の視点は，それぞれの粒の大きさと水のし

み込み方であり，岩石（堆積岩）の観察の視点は，粒の大きさのみである。

　　小学校学習指導要領理科における地表面の構成物及び観察の視点を整理すると，水がしみ込む地表面の水の行方は取り扱われていたが，水がしみ込まない地表面の水の行方は取り扱われていなかったといえる。このことから，小学校学習指導要領理科の実践で児童に都市型内水氾濫の素因について理解させることは困難である。

（4）都市型内水氾濫の素因の理解を図る学習内容を追加した水害防災教育プログラムの開発

　　本水害防災教育プログラムは，都市や市街地で発生する水害の原因を理解するとともにその危険性をイメージし，都市型内水氾濫から命を守る能力を児童に育成する防災教育用の学習プログラムである。

　　これは，防災の専門家が学校現場へ介入しなくても，教員自身が児童生徒との日常の授業で実践できるように，小学校学習指導要領理科第4学年「雨水の行方と地面の様子」に発展的内容を追加したものである。

1．都市型内水氾濫を対象とした水害防災教育プログラムのねらい

　　文部科学省では，東日本大震災を契機として，1998年に作成した防災教

表3　第4学年（3）「雨水の行方と地面の様子」の内容

　　雨水の行方と地面の様子について，流れ方やしみ込み方に着目して，それらと地面の傾きや土の粒の大きさとを関係付けて調べる活動を通して，次の事項を身に付けることができるよう指導する。

ア　次のことを理解するとともに，観察，実験などに関する技能を身に付けること。

　(ア)　水は，高い場所から低い場所へと流れて集まること。

　(イ)　水のしみ込み方は，土の粒の大きさによって違いがあること。

　　　　→「水がしみ込む地表面」

イ　雨水の行方と地面の様子について追究する中で，既習の内容や生活経験を基に，雨水の流れ方やしみ込み方と地面の傾きや土の粒の大きさとの関係について，根拠のある予想や仮説を発想し，表現すること。

小学校学習指導要領（平成29年告示）解説理科編より引用
下線・加筆は筆者によるもの

育のための参考資料「『生きる力』を育む防災教育の展開」を改訂し，2013年3月，全学校園に配布した。本書では，第2章に学校における防災教育のねらいが示されている[17]。そこで，本書が示している防災教育のねらいを参考にして，都市型内水氾濫を対象とした水害防災教育プログラムのねらいを次のように設定した。

ア）水がしみ込まない地表面の水の行方についての理解を深め，都市型内水氾濫の発生のしくみを説明することができる。

イ）都市型内水氾濫に伴う危険をイメージし予測するとともに，自らの安全を確保するための行動ができるようにする。

ウ）自他の生命を尊重し，安全で安心な社会づくりの重要性を認識して，学校，家庭及び地域社会の安全活動に進んで参加・協力し，貢献できるようにする。

2．開発した水害防災教育プログラム

本水害防災教育プログラムは第4学年理科「雨水の行方と地面の様子」（5時間）に理科発展「水がしみ込まない地表面」の内容（4時間），総合的な学習の時間（3時間）を追加した全12時間からなる（表4）。

まず，小学校学習指導要領理科「雨水の行方と地面の様子」に示されている内容を取り扱った第1時から第5時までの指導について述べる。第1時で

表4　水害防災教育プログラム

	時数	学習内容
指導要領記載内容	1	雨天時の運動場の地面の様子を予想・観察・記録し，雨水が流れるしくみやしみ込むしくみに関する問いを見つけよう
	2・3	雨水の流れ方は地面の傾きに関係するのだろうか
	4	雨水のしみ込み方は土の粒の大きさと関係するのだろうか
	5	運動場に家を建てるならどこにたてるかな
理科発展追加内容	6	アスファルトに水を流すとどうなるだろう
	7	運動場の土とアスファルトでは水のしみ込み方はちがうのだろうか
	8	水がしみ込まない場所に降る雨はどこまで流れるのか
	9	何が原因で都市型内水氾濫が発生するのだろう
総合	10～12	保護者・地域にの人に学習したことを知らせよう

は，雨天時の運動場の地面の様子を予想させ，児童が保持する素朴概念を表記させる。その後，雨天時の運動場の地面の様子を観察・記録させ，雨水が流れるしくみやしみ込むしくみに関する問いを見いださせる。教師の支援として，児童が観察した空間情報・時間情報を書き込むことができる運動場等の写真を透明フィルムで包んだ雨水マップを準備する。

第2・3時では，雨水が流れるしくみについて，地面の傾きと雨水の流れ方を観察する実験器具を児童自身に作成させ，水は高い場所から低い場所へと流れて集まることを捉えさせる。教師の支援として，児童が自由に実験器具を作成するための材料を準備する。

第4時では，雨水のしみ込み方のしくみについて，土の粒の大きさと水のしみ込み方を観察する実験器具を教員が提示し，実験を通して土の粒の大きさにより水のしみ込み方には違いがあることを捉えさせる。

第5時では，水が流れるしくみ及び水がしみ込むしくみを活用し，運動場に自宅を建築する場所を選ばせ，その理由を説明させる。教師の支援として，運動場から地域に視点を拡大させ，児童が主体的に地域に発生する内水氾濫の原因が理解できるよう，地域の立体地形図を準備する。

次に，追加した第6時から第9時までのねらいと内容について述べる。第6時・第7時・第8時は，学習のねらいア）水がしみ込まない地表面の水の行方についての理解を深め，都市型内水氾濫の発生のしくみを説明できるようにすることを目指す。第6時では，地表面には水がしみ込まない不浸透域があることを観察により気付かせる。不浸透域とは「雨水が地中に浸透しないで流出する地域」を指す[1]。本水害防災教育プログラムではアスファルトやコンクリートを取り扱う。第7時・8時では，地表面には，浸透域と不浸透域があることを実験・観察により理解させる。浸透域とは，「雨水が地中に浸透する地域」を指す[3]。本水害防災教育プログラムでは運動場の土を取り扱う。第9時は，学習のねらいイ）都市型内水氾濫に伴う危険をイメージし予測するとともに，自らの安全を確保するための行動ができるようにすることを目指す。具体的には，何が原因で都市型水害が発生したのかについて，学習内容を根拠とした説明ができるようにする。

第10時から第12時までは，学習のねらいウ）自他の生命を尊重し，安全

で安心な社会づくりの重要性を認識して，学校，家庭及び地域社会の安全活動に進んで参加・協力し，貢献できるようにすることを目指す。具体的には，児童が学習内容をもとに作成したプレゼンテーションを保護者・地域に向け発表し，意見を交流する。

３．理科発展追加内容「水がしみ込まない地表面」を取り扱った実践

　本水害防災教育プログラムはA小学校4年生24名に対し，2019年6月から7月に実践した。そこでの児童の反応について記す。

（１）第6時の実践と児童の反応

　第6時では，地表面には雨水が地中に浸透せず流出する不浸透域があることを気付かせるために，アスファルトに水がしみ込まない様子を観察させた。導入では，教員が「アスファルトの上に置かれた土の入ったプランターに10分間水をやり続けると，水はどうなるのか」と問い予想をさせた。67%の児童は「水はアスファルトの上を流れながらしみ込んで見えなくなる」と予想した。33%の児童は，「プランターのすぐ下に水がたまったあと土のようにしみ込んでいく」と予想した。しかし，実験結果は，児童の予想とは異なり，高い場所をさかいに左右に分かれ流れ低い所へたまることがわかった。このことから，児童は，「本当にアスファルトには水がしみ込まないのか」という問いをもち，第7時で確かめた。

（２）第7時の実践と児童の反応

　第7時では，地表面には雨水が地中に浸透する浸透域と浸透しないで流出する不浸透域があることを理解できるように，運動場の土とアスファルトの水のしみ込み方の違いを確かめさせた。児童は，第4時の学習内容を想起し，「運動場の土とアスファルトでは水のしみ込み方はちがうのだろうか」という問題を設定した。実験方法は，傾きがほぼ同じ土とアスファルトに500mLの水を流し，それぞれの水の流れ方とその行方を観察した。土とアスファルトの傾きは，児童が第2時・3時で作成した水準器で確かめた。測定誤差を小さくするために，実験は5回行い平均値を算出した。現時点で平均値の算出方法は未履修のため教員が算出した。実験結果は，土に流した水は，70cm×40cmの範囲に約33秒でしみ込んだ（見えなくなった）。一方，アスファルトに流した水は，300cm×10cmの流れが3本でき約11秒で側溝

184

図1　実験結果（上：運動場の土，下：アスファルト）

へ溜まった(溜まった水は見えてなくならなかった)。このことから，児童は，
「運動場の土とアスファルトでは水のしみ込み方は違っていた。土には水が
しみ込むけれど，アスファルトには水はしみ込まず勢いよく低い側溝へ流れ
込み溜まった」と結論付けた。

　さらに，児童は，コンクリートで固められた側溝に水が溜まったことから，
コンクリートも水がしみ込まないことにも気付いた。そこで，「水がしみ込
まない場所に降る雨はどこまで流れるのか」という問いをもち，第8時で確
かめた。

（3）第8時の実践と児童の反応

　第8時では，不浸透域に降った雨の行方について理解できるように，水が
しみ込まない立体地形図の上やアスファルト上に水を流し，水の行方を確
かめさせた（図2）。まず，立体地形図の上に水を流した結果から，児童は，
下流に流れた水はしみ込まず低い場所にそのまま溜まっていることを確かめ
た。次に，実際に，アスファルトの上に水を流し，流れ方や溜まり方を再度
確かめさせた。その際，地域の水害写真（図3）を提示し，その原因につい
て話し合わせた。その結果，水害は，川に近い低地という条件だけでなく，
アスファルトやコンクリート等の不浸透域が増加したことにより水害が発生
することを理解した。

（4）第9時の実践と児童の反応

　第9時では，都市型内水氾濫発生の原因を理解させるために，駅で発生し
た水害の写真（図4）を提示し，写真のような水害が発生した原因について，
第7時・第8時の学習を根拠に説明させた。児童は，話し合いの結果，「駅
の地面はアスファルトやコンクリートで水がしみ込まないため，降ったすべ
ての雨水が低いところへ流れ込んで溜まったから水害が発生した」と説明し

図2　立体地形図（上：上流，下：下流）上の水の流れ方

図3　地域の水害写真（川真田撮影）

た。児童の説明を受けて，教員は，図4のような水害は都市型内水氾濫と呼ばれ，近年は発生件数が増加していることを説明した。最後に，学習の振り返りをさせた。学習の振り返りには，水がしみ込まないアスファルトやコンクリートでできた地面と水がしみ込む土でできた地面があること，水がしみ込まない地面に大雨が降ると都市型内水氾濫が起こりやすいこと，大雨が降ったときには駅の地下には入らないようにしたいなどの内容が書かれていた。

図4 2003年7月 福岡水害（福岡市）
出典：国土交通省 HP「防災の取り組みと過去の災害」より
http://www.qsr.mlit.go.jp/bousai/index_c19.html

（5）第10時・第11時・第12時の実践と児童の反応

　児童が家族及び地域社会の安全活動に貢献する価値と喜びを実感するためには，学習成果発表会で家族や地域の人に学習内容を発表し，聞いてくれた人から感想やアドバイスをもらう体験が有効である。そこで，家族や地域の都市型内水氾濫に対する理解を図り，防災意識を向上させるため，第10時・第11時では，第6時から第9時までの学習内容をプレゼンテーションにまとめ，学習成果発表会で発信する準備をした。プレゼンテーション作成にあたり，児童は，都市型内水氾濫よる水害を取り扱った新聞記事を集めたり，学校の給食室で発生した内水氾濫を防いだ活動をしているところの動画を編集したりして，地域の人が都市型内水氾濫による水害の危険性に気づくことができるように工夫した。第12時は，児童が作成したプレゼンテーションを家族・地域に向けて学習成果発表会で発表した。

4．保護者・地域・教員の反応

　保護者や地域及び教員からは，水害には内水氾濫や都市型内水氾濫があることを知った，内水氾濫や都市型内水氾濫が原因となる水害があることがわかった，自分達の地域の水害は内水氾濫による水害だったことがわかった，地域の農地は宅地に転用されているが内水氾濫による水害を軽減するために

は農地は遊水池として必要であることを知った，地表面には浸透域と不浸透域があることを知った，都市型内水氾濫は都市だけではなく分譲住宅地などでも発生する危険性があることがわかった，下水・排水の整備の重要性に気付いたなどの意見が寄せられた。

（5）まとめ

　本研究では，都市型内水氾濫から命を守る能力を児童に育成するために，第4学年「雨水の行方と地面の様子」の学習内容に，水がしみ込みにくいアスファルトやコンクリートで覆われた地表面の水の行方に関する内容を加え，水害防災教育プログラムを開発・実践し，検証した。その結果，児童は地面（浸透域・不浸透域）と雨水のしみ込み方について理解し，都市型内水氾濫の危険性をイメージできた。また，「もし，都会で大雨が降ったら地下には入らない。」と具体的な行動も想定できるようになった。さらに，地域の水田や畑の価値を再確認し，これからの土地利用について考えるようになった。一方，保護者や地域住民も，都市型内水氾濫による水害について理解し，水害被害軽減のための土地利用について考える機会をもった。これらのことから，本水害防災教育プログラムは，効果が見られたと推察される。

　一方，本水害防災教育プログラム実践後に児童から，溜まった水をどのように排水するのかという質問が出た。第4学年の「雨水の行方と地面の様子」では，「水は高い場所から低い場所へと流れて集まること」を利用し排水されると学習する。したがって，理科では，溜まった水の排水のしくみは取り扱っていない。これは，社会科で取り扱う内容である。そのため，小学校学習指導要領社会科第4学年の内容を検討し，溜まった水の排水のしくみを位置付けた本水害防災教育プログラムの改善が必要であると考える。

注
1）国土交通省（2010）：雨水浸透施設の整備促進に関する手引き（案），p.8
2）真木雅之（2010）：都市型水害，日本気象学会，pp.167-189
3）国土交通省（2010）：雨水浸透施設の整備促進に関する手引き（案），p.8
4）牛山素行（2009）：防災と図書館―災害情報を生かした地域防災を目指して―，

防災と図書館，141　pp.6-9

5 ）気象庁（2020）：地球温暖化と大雨リスクの増加，気象業務はいま，pp.8-9

6 ）国土交通省（2019）：大規模広域豪雨を踏まえた水災害対策のあり方について（答申），https://www.mlit.go.jp/river/shinngikai_blog/chisui_kentoukai/dai03kai/dai03kai_siryou7.pdf，2020/12/28 参照

7 ）国土交通省（2019）：近年の降雨及び内水被害の状況，下水道整備の現状について，https://www.mlit.go.jp/mizukokudo/sewerage/content/001320996.pdf，2020/12/28 参照

8 ）農林水産省（2016）：第 1 － 1　都市農業の現況と課題，都市農業振興基本計画，pp.3-4　https://www.maff.go.jp/j/council/seisaku/nousin/bukai/h28_1/pdf/sankou1_2.pdf，2020/12/28 参照

9 ）国土交通省（2019）：気候変動を踏まえた治水計画のあり方に関する提言〜参考資料【概要版】，〜気候変動を踏まえた治水計画のあり方提言（案）〜参考資料〜，令和元年 7 月 https://www.mlit.go.jp/river/shinngikai_blog/chisui_kentoukai/dai05kai/11_dai5kai_teigenan-sankousiryou.pdf，2020/12/28 参照

10）文部省. 小学校学習指導要領昭和 33 年改訂. https://www.nier.go.jp/guideline/s33e/index.htm，2020/9/25 参照

11）文部省. 小学校学習指導要領昭和 43 年改訂. https://www.nier.go.jp/guideline/s43e/index.htm，2020/9/25 参照

12）文部省. 小学校学習指導要領昭和 52 年改訂. https://www.nier.go.jp/guideline/s52e/index.htm，2020/9/25 参照

13）文部省. 小学校学習指導要領平成元年改訂. https://www.nier.go.jp/guideline/h01e/index.htm，2020/9/25 参照

14）文部省（1999）：小学校学習指導要領解説理科編平成 10 年改訂，122p.

15）文部科学省（2008）：小学校学習指導要領解説理科編平成 20 年改訂，86p.

16）文部科学省（2017）：小学校学習指導要領解説理科編平成 29 年改訂，167p.

17）文部科学省（2013）学校防災のための参考資料「生きる力」を育む防災教育の展開，文部科学省，pp.3-6

5

中学校における主体的避難者育成を目指す授業プラン

—中学校道徳教材「風の電話」を通して—

行壽　浩司

（1）問題の所在

　本稿では，主体的な避難者育成のために，自分の命の大切さと他者の命を慈しむ価値観形成を目指す授業プランを提案する。

　文部科学省（2016）は現在の防災教育における課題を，①防災教育に携わる人についての課題，②防災教育の内容についての課題，③防災教育の方法についての課題，の３つに分類しており，特に①防災教育に携わる人についての課題は以下のように言及している。

> 　防災教育に携わる人・携わる可能性のある人の類型としては，①防災教育の必要性等に気付いていない（内発的動機付けがない）人や防災教育の必要性に対する意識があまり高くなく，後回しになってしまっている人，②防災教育が必要だと思っているが，やり方が分からない人や防災教育を始めたが，どのような教材を使うべきか分からない，面白い教材が見つからない，「担い手」・「つなぎ手」が見つからない人，③いろいろな資源を集めて防災教育にいきいきと取り組んで成果を上げている人，等に分けられるが，それぞれに応じた防災教育の在り方についての分析は十分なされていない。

（文部科学省，2016）

　②の防災教育の内容について，そして③の防災教育の方法については，現在多くの先行研究や実践がある。例えば，曽川・吉水（2019）[1)] のように，

ハザードマップなどを用いて，地域の地理的条件，過去の災害と今後発生が予想される災害など地域の地理的事象について学ぶための実践である。このように，防災に関わる知識を子どもが主体的に学ぶ学習が確立されつつある。一方で，①の「なぜ防災教育が必要なのか」という内発的動機付けや，「命が大切なのは当たり前すぎて新規性がない」という学習者の防災教育に対する認識には差が生じている。こういった課題を克服するため，子どもの心情に訴えかける教材の開発と，それを通して「生命の尊さ」という価値を子ども自身が内面化していく授業開発が求められている。

（2）主体的避難者育成を目指す授業プラン

（1）目標　自分の命の大切さと他者の命を慈しむ価値観形成を目指す

（2）取り上げる価値項目　「生命の尊さ」

（3）教材観

　　岩手県大槌町に存在する電話ボックスを取り上げ，震災によって大切な人たちをなくした遺族の心情にせまり，自分自身のこととして捉え直す。

（4）授業構成

　　「風の電話」の設置の是非について生徒同士が議論する場面を設定し，「電話ボックスの存続に賛成か，反対か」という価値対立を行わせることで，電話ボックス設置の背景にある遺族の方々の思いに気づかせ，学習を深める。その学習過程を通して命の大切さを再認識し，自分事として捉え今後の行動について考える。

（5）授業の実際

　岩手県大槌町で花きや野菜などを栽培している佐々木格さんは，東日本大震災の津波にて親友を亡くした。やり場のない怒りと悲しみを抱えながら，せめて最後に一言話がしたかったと思い，つながらないとわかっていても亡くなった友人の電話番号に電話をかける。心が少しだけ軽くなった経験から，同じように大切な人を亡くした苦しみを抱えて生きている遺族の方々のために庭を整備し，2011年4月に「メモリアルガーデン」として開放。亡くなった方と話ができる電話ボックスとして，約4万人の人々が電話ボックスに訪

教師の指示・発問（●）	教授・学習過程	予想される生徒の反応
●この電話ボックスの写真を見て，何か気づくことはありませんか。	T：発問する S：資料を読み取り，考える。	・外に電話ボックスがある。 ・メッセージを書くノートがある。 ・黒電話がある。 ・電話線がつながっていないのではないか。
●この電話は電話線がつながっていません。「風の電話」という名称で，亡くなった人と会話ができるといいます。あなたはこの電話をかけるとしたら誰にかけたいですか。	T：発問する S：答える	【電話をかけたい】 ・亡くなったおじいちゃんともう一度話がしたい。 ・亡くなったおばあちゃんとお別れを言えていない。
●この電話ボックスには約4万人の方々が電話をかけにこの地を訪れています。どのような人たちでしょうか。	T：発問する S：答える	・亡くなった人達と話がしたい人たちが訪れている。 ・東日本大震災で家族を亡くした人たちが多いのではないか。 ・突然の別れで，気持ちの整理ができていない人たちが，電話をかけに来ている。
●この「風の電話」をかけにきている人たちは，本当に亡くなった人達と話ができると思って電話をかけているのか。	T：発問する S：答える	・遠方からわざわざ来ているのだから，そう思っているのではないか。 ・本当は話ができないと思っているけれど，話ができていると思いたいのではないか。 ・電話は会話にならず一方的であっても，自分自身の今の思いを伝えなければ，遺族たちは現実を受け入れられないのではないか。 ・今も行方不明のまま，見つかっていない人たちもいる。気持ちの整理がつかないのではないか。
●この電話ボックスは今後も存続するべきであると思いますか。	T：発問する S：短冊形のホワイトボードにその理由を書く。	【反対派】 ・この電話ボックスがあるといつまでも亡くなった人のことを引きずってしまう。 ・亡くなった人のことをいつまでも引きずっていては前に進めない。 【賛成派】 ・亡くなった人達とせめて一言話がしたいという人たちがいるから。 ・本当はつながっていないとしても，自分自身の気持ちを言わなければ遺族の方たちは気持ちの整理ができない。
●動画「大切な人を想う日」を視聴し，関連する新聞記事を読んだ後に感想用紙を記入する。	S：動画や資料を読み取った後に感想用紙に記入する。	

192

れている。

　このような過去にあった震災を教訓として扱うことは，過去の震災に捉われてしまう可能性がある。確かに，この「風の電話」の教材は，過去にあった東日本大震災を扱っている。しかし，日本大震災の規模や被害といった知識ではなく，震災後に生き続ける人々に焦点を当てているため，学習内容として過去の震災に捉われることはない。むしろ具体的な事例として子どもたちにとって分かりやすく，また感情移入しやすい教材であると考える。教材を通して生徒が自分自身の生き方在り方をより一層見つめ直すために，NHK スペシャル「風の電話〜残された人々の声〜」の一場面を視聴する[2]。そこには震災によって家族を亡くした遺族の方々が，そのつらい気持ちを電話越しに語り掛けている様子があり，映像によって心情に訴えかけるものがある。その後，この電話ボックス設置の是非について生徒一人一人に考えさせる。22 人中 20 名の生徒は電話ボックスの設置に賛成であり，今後も存続させていく方が良いと答えているが，一部生徒は「それによっていつまでもつらい気持ちを引きずってしまうのではないか」「生き残っている人たちは悲しみを乗り越えることができないのではないか」といった視点から電話ボックス存続の反対を主張した（写真 1）。ここから，賛成派と反対派両者共に，遺族の心情を自分なりに解釈していることがうかがえる。「もし今ここに風の電話があったとして，あなたはかけたいですか」という発問に対して，「かけたい」と答えた生徒は自分自身の亡くなった親族を挙げて，「あの時お見舞いに行かなくてごめんね」といったような，過去の自分を悔いるような発言をした。

　学習のまとめとして，岩手日報の新聞記事「大切な人を想う日」(2019.03.11)

写真 1　電話ボックスの是非を問う学習展開

評価の観点	生徒の記述例	生徒数
学習内容と自分自身の生き方在り方を関連付けて記述している。(A)	【生徒A】 　今日も大切な人に会えていること，おいしいご飯を大切な人と一緒に食べられること，当たり前のことが当たり前じゃなくなる前に，今を大切にしていきたいと思います。 【生徒B】 　自分の大切な人と会えるのが最後だと知らず，急に目の前からいなくなるのはどんなにつらいことか考えることができました。 【生徒C】 　急に朝「いってらしゃい」と言ってくれたお母さん，お父さんがいつまでたっても帰ってこなかったら，と思うと胸が苦しくなりました。だから当たり前の日々を大切に生きていこうと思いました。	12名
学習内容を理解しているが，自分自身の生き方在り方に関連付けることができていない。(B)	【生徒D】 　自分たちは今当たり前に明日があると思っているけれど，災害で親や友人をなくした人は，明日が来てもあいさつをしてくれる人がいない人もいるということがわかりました。 【生徒E】 　岩手県の行方不明者1000名以上の家族は，今でも家に帰ってくることを願っていると思います。何年もたち，探すのが難しいことだと思うけれど，一人でも多く見つかってほしいと思いました。	6名

を配布し，それに関連した岩手日報の CM を視聴する[3]。

　生徒の感想では学習内容と自分自身の生き方在り方を関連付けて書いているものが 60％ と半数以上を占め，この「風の電話」の学習が生徒たちにとって効果的であると共に，東日本大震災という過去の震災を教材とすることで自分自身の命の大切さや家族等身近な人たちの命の尊さを実感することができた。18 名の生徒の感想を自分自身の生き方在り方に関連付けて記述しているかどうかという観点の下，分析を行った。

　このような学習は，従来までの課題であった内発的動機付けの強化につながると共に，道徳教材として「生命の尊さ」という価値項目を充分に捉え

ている。そして自分自身の立場に置き換えたり，考えを議論の俎上に乗せたりすることで，自分自身のこれからの生き方在り方を見つめ直すことにつながっている。この「風の電話」という教材によって，主体的な避難者育成のために，生徒は今一度命の尊さを認識し直し，その価値観を強化する。

【註】

1）曽川剛志・吉水裕也（2019）近年の自然災害と学校防災・危機管理（Ⅴ）小学校における防災マップの戦略的活用―学校，家庭，地域をつなぐ「大島小子ども防災マップ」―，日本教育大学協会研究集会発表資料
2）NHK スペシャル（2016）『風の電話～残された人々の声～』https://www2.nhk.or.jp/archives/tv60bin/detail/index.cgi?das_id=D0009050726_00000（最終閲覧日 2020 年 8 月 10 日）
3）岩手日報（2019）『大切な人を想う』（3 月 11 日掲載記事）https://www.iwate-np.co.jp/content/taisetunahito-omouhi/（最終閲覧日 8 月10 日）

参考文献

いもとようこ（2014）『かぜのでんわ』金の星社
佐々木格（2017）『風の電話大震災から 6 年，風の電話を通して見えること』風間書房
日本農業新聞（2020）『天国へかける“風の電話”癒えぬ傷と生きる』（3 月 11 日掲載記事）https://www.agrinews.co.jp/p50275.html（最終閲覧日 9 月 10 日）
文部科学省（2016）防災教育支援に関する懇談会　現在の防災教育における課題https://www.mext.go.jp/b_menu/shingi/chousa/kaihatu/006/shiryo/attach/1367196.htm（最終閲覧日 2020 年 8 月 10 日）
矢永由里子・佐々木格（2018）『「風の電話」とグリーフケア　こころに寄り添うケアについて』風間書房

6 種々の極端現象の季節的背景への視点も意識した「日本の気象・気候」の学習へ向けて

加藤　内藏進

（1）はじめに

　加藤他（2020），加藤・加藤（2014，2019）等でも触れたように，日本付近では，梅雨や秋雨を含めた細かいステップでの大きな遷移を持つ季節サイクルを示す。そのような季節的なベースの上に日々の変動も重なるので，季節が少し違うだけで，豪雨や豪雪などの気象災害に繋がる現象の特徴や表れ方も違ってくる。一方，中高緯度地域の中で比べても，日本とヨーロッパ等，地域による季節サイクルの特徴の差異も大きい。このため，気候と季節サイクルの詳細に関する視点は，文化生成の重要な背景の一つとして，自然科学と文学・芸術等との学際的連携による文化理解教育への重要なベースになりうる。

　従って，このような詳細な季節サイクルの理解は，「極端現象も含めた日々の気象系やその変動の季節性」，及び，「多彩な季節感に関連する文化生成の重要な背景」の双方を深く捉えるための『共通基底』と言えよう。

　このような点を鑑みると，中学校や高等学校の理科の地学分野や社会科の自然地理分野での「日本の季節サイクルの中での気象・気候」に関する学習の際に，上記の視点との関連も意識する意味は大きい。加藤・加藤（2020）は，気候と音楽との連携により，文化や環境を見る眼・感じる眼を育てるための学際的学習実践例を幾つか提示した。一方，防災に関わる科学的リテラシー育成の観点から，気象災害に関連した現象の「季節的な起こりやすさや特徴への思わぬ発見」も盛り込んだ「日本の気象・気候」の学習単元を再構成する意義も大きい。

　ところで，持続可能な開発のための教育（ESD）において，取り組むべき分野は多岐にわたり，しかも，各分野間の繋がりや複雑な絡み合い，価値観や習慣の違い等から来る葛藤も少なくない。従って ESD では，自分たちとは異なる地域，環境，価値観を持つ人々の存在も意識しながら（いわば，「異質な他者への理解」も含めて），そのような複雑な問題の解決の道を探ろうとする，「ESD 的視点」の育成も大変重要である。加藤・加藤（2019, 2020），加藤他（2019a, b）等による取り組みでは，直接的な ESD の取り組み分野の一つとしての学際的文化理解教育への寄与だけでなく，このような「ESD 的視点」の育成にも資することも狙った。

　一方，「極端現象の背景も意識した日本の季節サイクル」に関しても，広域的な因子間の絡みにも注目することにより，身近な現象でも意外なものとの繋がりを学習者が発見出来るような側面は少なくない。それは，狭義の防災教育での「季節性」の理解に留まらず，上述の「ESD 的視点」の育成にも繋がる学習者の視野の広がりを促しうるのではと期待される。

　現段階ではまだ，上記の視点からの教材化や単元構成の提案までには至ってないが，本書では，日本付近の気象・気候系の多彩な季節サイクルについて，「広域的な気団の実態と日本列島への侵入過程」に関連した季節的背景とその中での変動性に注目し，「災害に繋がる極端な現象のベースとしての季節」の捉え方も盛り込める提案へ向けた知見の整理を試みる。但し，限られた授業時間内で対象の全体像把握に必要な，他の重要な特徴や過程の扱いとの単元構成上のバランスの考案は，今後の研究に委ねる。

（2）日本の気象・気候の季節サイクルを特徴づける広域因子の視点

　日本列島付近は，季節変化が明瞭な中緯度地域に位置するとともに，地球規模のアジアモンスーンの影響を受けて，梅雨前線，台風，秋雨前線，冬の寒気吹き出しと日本海側の豪雪等，東アジア独特な気候系も各季節に卓越する。一方，夏・冬のアジアモンスーンが交代する4月頃や10月頃には，「西から東への天気の変化」（小学校第5学年で学習）に関わる温帯低気圧・移動性高気圧の東進・発達で特徴づけられる（南北の平均的な大きな温度差のため生じる，いわば中緯度の「代表選手」）。更に，南アジアの大陸域，熱帯

西太平洋域，ユーラシア大陸高緯度域（東部シベリア），北太平洋高緯度域，という各アジアモンスーン・サブシステム間の季節進行のタイミングの大きなずれを反映して（最大，数ヶ月以上），日本列島付近では，卓越気圧配置型が細かいステップで大きく季節的に変化する（Murakami and Matsumoto (1994)，加藤・加藤（2014）等も参照）。従って，「日本の気象・気候」の学習の中で，各気団の特徴や広域分布，侵入過程も把握することにより，上述の広域因子との関連を含めた理解に繋がりうる。

（3） 梅雨期や盛夏期の降水とその変動性に関連して

　梅雨最盛期には，南アジアのモンスーンの雨期にも関連した広域的な低圧部の東縁部での（かつ，太平洋高気圧の西縁部），下層の強い南寄りの風で多量の水蒸気が西日本以西の梅雨前線へ流入する（図は略すが，前線の北側も，中国乾燥地域付近の地面加熱の影響も受けて高温乾燥の気団）。従って，西日本以西では，集中豪雨タイプの大雨の頻度が高く，梅雨期の総降水量を押し上げる。一方，東日本側では，梅雨前線の北東方のオホーツク海気団（安定な大気状態）の影響も受けて，比較的しとしとと雨が降りやすく大雨の頻度は相対的に低い（表1。加藤他（2020）等も参照）。

表1　梅雨最盛期（6/16 ～ 7/15）と盛夏期（8/1 ～ 31）における九州の長崎と関東の東京での降水量の比較。総降水日数や総降水量，大雨日の日数，及び，大雨日の降水量の寄与の 1971 ～ 2000 年での平均値を示す。気象庁の日降水量データに基づいて解析した加藤・加藤（2019）の表に年々の標準偏差も計算して追加した。

（1971 ～ 2000 年で集計）	梅雨最盛期 (6 月 16 日～ 7 月 15 日)				盛夏期 (8 月 1 日～ 31 日)			
※「大雨日」：ここでは，50mm/日以上の日とした	長崎		東京		長崎		東京	
	平均	標準偏差	平均	標準偏差	平均	標準偏差	平均	標準偏差
総降水日数（日）	15.6	3.8	14.1	4.1	9.9	4.2	9.5	3.8
「大雨日」の日数（日）	2.6	1.7	0.8	0.9	1.2	1.3	0.7	0.9
総降水量（mm）	395	200	205	113	207	141	155	105
「大雨日」の寄与（mm）	241	177	61	78	111	118	73	95

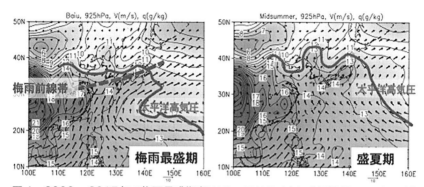

図1 2006〜2015年の梅雨最盛期（6/16〜7/15。左）と盛夏期（8/1〜31。右）で平均した925hPa面（地上1km足らず）での水蒸気量（比湿，g/kg）と風（m/s）。NCEP/NCAR再解析データに基づく。12g/kgの等値線を太くなぞった。平均的な梅雨前線の位置等も模式的に記入した。Tsuchida et al.（2018）によるポスター発表資料を改変。

　ところで，梅雨前線の南側の「小笠原気団」に覆われる領域では，単に気温や相対湿度が高いだけなく水蒸気量自体が大変多く，しかも，華中〜九州の梅雨前線南方で特に多い（図1（左）の比湿（単位質量あたりの空気に含まれる水蒸気量））の分布を参照）。このような重要な特徴（『小笠原気団』域は，単に気温や相対湿度が高いだけでなく，『水蒸気量』自体が多い）は，見やすくした水蒸気量の分布図から中学校レベルで把握可能であろう。一方，華中〜九州の梅雨前線南方は，北太平洋高気圧の一部である「小笠原高気圧」の中心よりも西側に位置するため（更に西方の南アジアは，モンスーン降水に関連した季節的な低圧域），西日本以西を中心に，梅雨前線へ吹き込む南寄りの風が強い。梅雨期の総降水量が西日本以西で多いのも，上述の「小笠原高気圧」との位置関係を反映した強い南寄りの風で，水蒸気を多量に含む「小笠原気団」が西日本以西の梅雨前線へ特に多量に侵入しやすいためである。

　なお，梅雨明け後のいわゆる盛夏期でも，晴天ばかりが続くわけではない。実際，8月の平均降水量は決して少なくないし（表1。4，5月頃と同程度），しかも，その年々変動も大きい（月降水量が大変少ないない年が

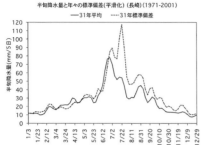
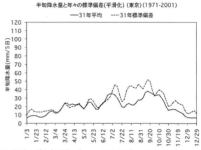

図2　長崎（左）と東京（右）における半旬降水量（mm/5日）の1971～
　　2001年平均値（実線）とその年々変動の標準偏差（破線）の季節変化。そ
　　れぞれ，当該半旬に2，その前後に1の重みで移動平均。気象庁の日降水量
　　データに基づき筆者が解析。

ある一方，梅雨最盛期と同等な降水量になる年もしばしば出現する）。例
えば，長崎では，8月の平均降水量210mm程度に対し，年々の標準偏差は
140mm程度もある。正規分布の場合，「平均±標準偏差」の範囲内に入る年
数の割合は約68％なので，「平均＋標準偏差」以上，「平均－標準偏差」以
下の割合も16％ずつはある。つまり，長崎の8月には，月降水量が210＋
140＝350mm（長崎での梅雨最盛期の平均近く）にのぼる年も，210－140＝
70mmしかない年も，いずれも珍しくないことになる（加藤・加藤（2019）
も参照）。

　更に細かいステップでの季節経過を見ると（図2），両地域ともに7月後
半には平均降水量は減少する一方，年々変動の標準偏差は逆に大きくなる。
長崎では7月後半頃の降水量の年々の変動性がとりわけ大きかった。東京で
は，盛夏期から秋雨期の9月頃まで年々の変動性は徐々に増加する。

　蔵田他（2012）は，九州北西部の長崎を例に，平均的には梅雨明け後に対
応して無降水日が増加する7月後半頃でも，100mm/日を超える「顕著な大
雨日」の出現数は梅雨最盛期の6月後半頃と同等であったことを指摘した。
しかも，7月後半頃の「顕著な大雨日」の多くは，台風ではなく梅雨前線の
活動に関連したものだったと報告している。このように，梅雨前線活動に関
連した大雨は（特に西日本側），平均的な梅雨最盛期（6月後半～7月前半頃）
だけでなく盛夏期に向けた時期でも，年々の大きな変動性の中で，それなり

の頻度で起きるのである（しかも，台風ばかりでなく，梅雨前線活動によっても）。

　このような降水の変動性が盛夏へ向かって増大するのは，恐らく，海面水温が高く（大気中の水蒸気がより多く）積乱雲もちょっとしたきっかけで活発化しやすい領域が，季節の進行に伴って西太平洋の熱帯・亜熱帯域で拡大し，それに関連した熱帯収束帯と小笠原高気圧の変動性が大きくなることも一つの因子となる可能性が示唆される。その見方の妥当性や具体的過程に関しては今後の検討課題であるが，このようなメカニズムへの確定的な理解が出来ていない現段階においても，「『梅雨期だけでなく盛夏期頃も，年々の大きな変動性に伴って大雨がしばしば起きる』という『事実』を種々の角度から『発見』する探究的授業」の開発は，災害発生ポテンシャルへの生徒たちの視点を深める上で，大変有益ではないかと考える。

（4）シベリア気団・シベリア高気圧の実態と両者の関係の把握

　図3に例示されるように，冬には，下層の平均気温がとりわけ低い領域（いわば，シベリア気団の中核部）は，60-70° N/110-150° E付近，すなわち，日本列島のまさに北方に位置する。一方，平均場のシベリア高気圧の中心はより西方に（50° N/90-100° E付近），アリューシャン低気圧の中心は日本

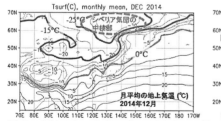

図3　2014年12月平均の地上気温（℃，左）と海面気圧（hPa，右）の分布。「シベリア気団の中核部」は，日本列島北方のシベリア北東部にある。一方，冬型の気圧配置に関連した「南北に伸びる等圧線が東西に混み合う領域」（北寄りの風が強い）が，「シベリア気団の中核部」と接することに注目。加藤研卒業生の森下秀城氏の協力でNCEP/NCAR再解析データから作成した図に，筆者が解説用の書き込みを入れた。

列島の東方に位置し，その間に挟まれた日本列島域では，南北に走る等圧線が混み合い，北寄りの強風が卓越することになる。しかも，その強い北風の卓越領域（等圧線が混み合う領域）は，上述の「シベリア気団の中核部」に対応する緯度から日本列島南方へと広範囲な南北の広がりを持つ。つまり，日本の冬は，「単に北風が吹くから寒い」のではなく，「シベリアの中でも特に冷たい地域からの北風が，うんと南方まで吹き抜けるからこそ，緯度が低い割にかなり寒い」と言える（日本の冬の全体像に関しては，日本海からの熱・水蒸気補給の役割の考察も併せて必要だが）。

　このことは，地上天気図と地上付近の気温分布に書き込みを入れながら考察するだけで把握可能となる。これをベースに応用すれば，例えば，「日本付近が暖冬になるか寒冬になるか」は，単にシベリア気団の強さだけではなく，「その寒気団が日本列島付近へスムーズに吹き出せる風系か否か」に関わる気圧配置の違いにも大きく依存していることを，中学校での授業でも考察させうる。図は略すが，1981年（昭和56年。顕著な寒冬で，いわゆる「56豪雪」の年）と1998年（20世紀最強のエルニーニョの影響で，日本海側では顕著な暖冬少雪。逆に，南岸低気圧の影響で関東を中心に降雪の被害も生じた）の1月前半で平均した地上天気図と下層の気温分布を比較すると，「日本列島北方のシベリアでは1998年の方がむしろ低温であったが，北日本を除いて暖冬だった1998年にはシベリア高気圧が北に偏って張り出し，『シベリア気団の中核部』からの強い北寄りの風の領域が本州南岸付近までは達していなかった。」ことに気づかせることが出来よう。

（5）アジアモンスーン・サブシステム間の季節の進行のタイミングのずれをも意識した台風と日本の天気に関する学習の視点

　夏から秋にかけては，日本列島は台風の影響もしばしば受けて，大きな気象災害が発生する。台風のような熱帯低気圧は，高い海面水温域で発生する多数の積乱雲に関連した水蒸気凝結に伴う多量の潜熱をエネルギー源として，しかも地球の自転の効果（コリオリ力）も強く受けて，発生・発達する。コリオリ力の影響は緯度の sin に比例して大きくなるので，台風の発生・発達のためには，赤道からある程度離れていて（北緯約10°よりも高緯度側），

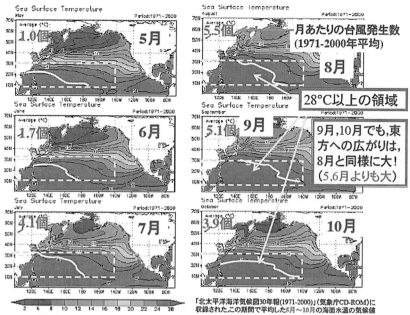

図4　「北太平洋海洋気候図30年報（1971－2000）」（気象庁CD-ROM）に収
　　録された，1971～2000年平均の月平均海面水温の分布図（℃）を改変。5
　　月～10月について示す。西太平洋域の10°N以北における海面水温28℃の
　　等温線を白くなぞった。また，各月の図中の左上の数値は，月毎の台風発生
　　数の1971～2000年における平年値。

　かつ，海面水温が大変高い（約27℃ないし28℃以上）という，いわば「無
い物ねだり」の条件を満たすことが必要となる。8月には，台風の発生数が
多いだけでなく，日本列島に比較的近いところで発生・発達する台風も多い
のは，コリオリ力の効果がより強い高緯度側の日本列島近くで，海面水温も
低緯度地域と同様に高いためである（図4）。
　ところで，シベリアを中心とする大陸側での季節的冷却の影響を日本列
島でも受けるようになる9月，10月頃でも，西太平洋の高水温域（例えば，
海面水温28℃以上の領域）の東西の広がりは，8月と同程度かそれ以上ある
（図4を参照。10月には，日本列島に近い～25N以北の海面水温は低下する
が）。従って，9月，10月頃の台風の発生数が8月に比べて大きくは減少し

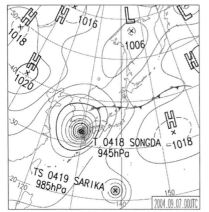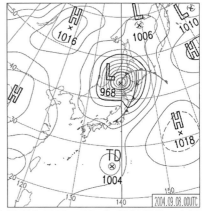

図5　2004年台風18号時の天気図。左図が9月7日09時（00UTC），右図
　　が9月8日09時（00UTC）。気象庁天気図CD-ROMに収録された簡易天
　　気図を引用。

ないのは，高緯度の大陸側よりも北西太平洋の熱帯・亜熱帯域での季節進行
が数ヶ月も遅れていることの反映と考えられる。このことは，秋になっても
西太平洋の熱帯・亜熱帯域での熱帯収束帯が季節的に大きくは南下せず，そ
の結果，秋でも，太平洋高気圧が日本列島のすぐ南東海上に居座り，台風が
（途中で東に向きを変えてしまわず）日本列島付近まで北上しやすい状況が
季節的に維持されることも意味する。「日本列島では，秋雨や本格的な秋に
なる9月〜10月でも『台風シーズン』として警戒が必要なのは，上述の季
節的背景を反映したため」という理解を浸透させることも重要と考える。
　しかも，9月には北側の大陸が急速に冷えて来ることを反映して，北日本
付近での南北の温度差が強まり始める。このため，北上した台風が温帯低気
圧として勢力を維持出来る場合も多くなり，北日本でも広域で暴風が吹き
やすくなる。例えば，図5に例示される2004年9月7日〜8日に日本列島
を通過した台風18号の事例では（2004年には1年間で10個もの台風が日
本列島に上陸），西日本各地だけでなく，北海道でも広範囲で暴風が生じた。
例えば，広島では60.2m/s（9/7），札幌で50.2m/s（9/8）もの最大瞬間風速
が観測された。
　なお，本稿では詳細は割愛するが，台風の東側の小笠原高気圧との位置関

係に関連して日本付近へ多量の水蒸気が流入した際に，そこが小笠原気団内なのか，北側のシステムの影響も受けるのかで，大雨のタイプも違いうる。例えば，集中豪雨タイプか，広範囲で時間をかけて多量の雨が降るのか，等。これらの降水特性の違いは，加藤他（2020）も例示したように，10分間降水量の時系列データから，かなり踏み込んだ把握が可能である。

　小学校第 5 学年で台風と災害に繋がる日本の天気の学習も行うが，以上のような事実をデータから確認することにより，「日本では，『夏だけでなく秋にも台風が頻繁に来るのは，一見不思議なことだ！』と思うものの，台風の『揺り籠』である『南の海』の季節の進行を知ると，『なるほど』と納得し，更に，『台風の暴風の被害を受けやすい地域や，大雨の特徴が，夏と秋ではこんなに違う』ことにも気づく」というような，純粋なサイエンスとしても，防災教育としても，「日本の天気と台風に関する深い探究的・対話的な学び」の構築が可能な素材である点を強調しておきたい。

引用文献

加藤晴子・加藤内藏進，2014：『気候と音楽―日本やドイツの春と歌―』。協同出版，全 168 頁。

加藤晴子・加藤内藏進，2019：『気候と音楽―歌から広がる文化理解と ESD―』。協同出版，全 206 頁。

加藤晴子・加藤内藏進，2020：『気候と音楽　学際的学習実践ハンドブック―ESD 的視点から文化や環境を見る眼・感じる眼を育てる―』。三惠社，全 48 頁。

加藤内藏進・加藤晴子・赤木里香子・大谷和男，2019a：ESD 的視点の育成を意識した気候と文化理解教育との連携―北欧の気候と季節感を例とする大学での授業実践の報告―。岡山大学教師教育開発センター紀要，9，183-198。

加藤内藏進・加藤晴子・松本健吾・大谷和男，2019b：ドイツ・北欧と日本の「夏」の気候や季節感の違いに注目して音楽と連携した大学での学際的 ESD 授業開発。岡山大学地球科学研究報告，26，25-36。

加藤内藏進・松本健吾・槌田知恭，2020：2018（平成 30）年西日本 7 月豪雨などの特徴も意識した防災教育の教材化への視点―日本付近の暖候期の大雨の特徴の季節的・地域的多様性の中で―。『近年の自然災害と学校防災（Ⅰ）―これからの時代に求められる防災・減災―』（兵庫教育大学連合大学院・防災研究プロジェクトチーム（代表：藤岡達也），協同出版，全 214 頁），82-98。

蔵田美希・加藤内藏進・大谷和男，2012：顕著な大雨日の出現状況に注目した20世紀の梅雨降水変動に関する探究的授業の開発（九州の長崎を例に）。岡山大学教師教育開発センター紀要，2，1-13。

Murakami, T. and J. Matsumoto, 1994: Summer monsoon over the Asian continent and western North Pacific. J. Meteor. Soc. Japan, 72, 719-745.

Tsuchida, T., Kato, K., Otani, K. and Matsumoto, K., 2018: Synoptic climatological study on precipitation characteristics and atmospheric field around the Japan Islands in the midsummer. AOGS（Asia Oceania Geosciences Society）15th Annual Meeting（Honolulu, Hawaii, USA），Poster No.AS03-A087.

おわりに

　SDGs においても重視されている気候変動の影響が見られたのか，令和２年度も夏季には集中豪雨，冬季には豪雪などにより，国内外で様々な自然災害が生じた。しかし，それ以上に今年度は新型コロナウイルス感染症（COVID-19）が，各学校，教育行政，さらには大学へも大きな影響を与えた。新型コロナウイルス感染症への対応も自然災害に対する防災，減災への取組と同質のものであると捉えられる。学校教育では，防災（災害安全）は生活安全，交通安全とともに学校安全の一つの柱として挙げられている。コロナ禍において自然災害を含め，危機管理に対する認識が深まりつつある中で，これまで当然と思えていた日常生活や教育活動がいかに尊いものであったかを痛感する機会となった。さらに，想定外の危機管理への対応も平常からの備え以上に，発生後に正確な情報収集を基にした適切な状況判断や初期対応などの必要性を実感させられた。

　自然環境の取扱いに関して，教育活動の中では，災害だけでなく恩恵との二面性を取り上げる意義を繰り返して述べてきた。小学校から新学習指導全面実施の今回のコロナ禍に対しては，オンラインの平常時での活用の進展など，後から教育の改善のきっかけであったと言えることも願いたい。防災・減災を学校教育で取り上げる方法として，カリキュラム・マネジメントが注目されている。開かれた教育課程と PDCA サイクルがその特徴である。しかし，本稿で述べたように OODA サイクルの視点も防災・減災の教育研究においては意義があることが明確になったと考える。

　最後に昨年度に引き続き，本書を連合大学院プロジェクト研究の成果として刊行できたことについて関係者に深謝したい。研究機関だけでなく，一般行政，教育行政，教育現場での新たな情報共有や連動した活動が本研究プロジェクトの基幹となった。本プロジェクト研究の成果が日本の防災・減災，復興教育の推進に寄与することを期待する。

　新型コロナウイルス感染症の１日も早い終息を願って

藤岡達也（滋賀大学）

近年の自然災害と学校防災（Ⅱ）
―持続可能な社会をつくる防災・減災，復興教育―
兵庫教育大学連合大学院研究プロジェクトチーム・メンバー（執筆者）

藤岡達也　　滋賀大学・教授（チーム・リーダー）

村田　守　　鳴門教育大学・教授

吉水裕也　　兵庫教育大学・理事（副学長）

加藤内藏進　岡山大学・教授

阪根健二　　鳴門教育大学・教授

宮下敏恵　　上越教育大学・教授

山縣耕太郎　上越教育大学・教授

阪上弘彬　　兵庫教育大学・助教

川真田早苗　北陸学院大学・教授

佐藤克士　　武蔵野大学・准教授

齋藤由美子　宮城県仙台市立七郷小学校・教諭（研究主任）

澁谷友和　　大阪府東大阪市立花園北小学校・指導教諭

佐藤真太郎　埼玉県所沢市立北小学校・教諭／兵庫教育大学連合大学院・博士課程

堀　道雄　　滋賀県守山市立河西小学校・教諭／兵庫教育大学連合大学院・博士課程

行壽浩司　　福井県美浜町立美浜中学校・教諭／兵庫教育大学連合大学院・博士課程

　なお，令和2年度の研究及びこの刊行物は，令和元年度（2019）から始まった兵庫教育大学大学院連合学校教育学研究科共同研究プロジェクト（研究題目「近年の自然災害を踏まえた防災，減災教育と学校危機管理の構築」）によるものである。

近年の自然災害と学校防災（Ⅱ）―持続可能な社会をつくる防災・減災，復興教育―

ISBN 978-4-319-00256-6

令和3年3月31日　第1刷発行

著　者　兵庫教育大学連合大学院・防災教育研究プロジェクトチーム©

発行者　小貫輝雄

発行所　協同出版株式会社

〒101-0054　東京都千代田区神田錦町2-5

電話　03-3295-1341（営業）

03-3295-6291（編集）

振替　00190-4-94061

印刷所　協同出版・POD工場

乱丁・落丁はお取り替えいたします。定価はカバーに表示してあります。

本書の全部または一部を無断で複写複製（コピー）することは，著作権法上の例外を除き，禁じられています。